Rudi Zimmerman

Philosophie lebender Systeme

Das System Mensch und der Kampf der Gene gegen die Evolution des Geistes

Verlag Philosophie des dritten Jahrtausends

1. Auflage Januar 2000

Inhaber: Thomas Gabbert, Berlin
Herstellung und Vertrieb: Libri Books on Demand
ISBN 3-00-004282-2

Inhaltsübersicht

Kapitel 3
Das System Art

Kapitel 4
Das System Mensch

Kapitel 5
Die Bedeutung nichtgenetischer Information für die Evolution

Kapitel 6
Der Krieg der Gene gegen die Individuen

Vorwort

Wir leben in einer Zeit der Bedeutungslosigkeit der Philosophie. Zimmerman kümmert sich nicht darum und entwickelt einen neuen philosophischen Ansatz, den er als Philosophie lebender Systeme bezeichnet. Er entdeckt einfache Gesetzmäßigkeiten für die Handlungsweise von Individuen und Staaten und eröffnet dadurch eine Möglichkeit, den sicheren Untergang der Menschheit abzuwenden oder wenigstens zu verzögern.

Das Neue, das er entdeckt zu haben meint, ist die Bedeutung der Begrenzung lebender Systeme. Mit lebenden Systemen haben sich auch andere Autoren beschäftigt. Lebende Systeme haben nach seiner Erkenntnis eine Eigenschaft, die bisher nicht beachtet wurde: sie sind nämlich begrenzt und offen - sie haben eine durchlässige (offene) Grenze.

Die Konsequenzen daraus sind beträchtlich. Die Trennung von Gut und Böse ist eine Folge dieser Begrenzung und nicht etwa Resultat einer rationalen Entscheidung.

Gerade bei lebenden Systemen ist das Auffinden der Grenzen dieser offenen Systeme entscheidend. Die Grenze des Menschen ist nicht die Oberfläche seiner Haut. Das materielle und geistige Eigentum des lebenden Systems Mensch gehört ebenso zu ihm wie seine inneren Organe. Es wird auch vererbt wie seine Gene. Erst wenn man dies versteht, versteht man erschreckende Aggressivität des Menschen. An dieser Aggressivität wird die Menschheit zugrunde gehen, wenn sie nicht lernt, ihre materiellen Grenzen zu beschränken, sich also zu verkleinern und damit ihre Aggressivität gegen den Anderen, gegen das Fremde, also gegen Tiere und Pflanzen, einzudämmen.

Der Mensch ist einerseits als Individuum ein lebendes begrenztes offenes System, andererseits ist er Element des lebenden begrenzten offenen Systems Staat. Diese sind die Erscheinungsform von Chromosomenpopulationen, der menschlichen Arten.

Alle lebenden begrenzten offenen Systeme gehorchen denselben zwei Grundregeln des Verhaltens, nämlich den Verhaltensregeln Selbsterhaltung und Selbstentfaltung. Diese geben die Verhaltensziele des Systems Mensch und auch des Systems Staat, das als Identität handelt, vor. Das Handeln des Staates und das Handeln der Menschen im Staat wird von den Genen gesteuert. Es besteht ein natürlicher Konflikt zwischen den Zielvorgaben der genetischen Steuerung des menschlichen Verhaltens und seinen rationalen Steuerungszielen nach Selbsterhaltung. Konkret: die Gene steuern das Verhalten im Sinne der Ausbreitung der Art und deren Evolution. Übervermehrung (sexueller Trieb) und Krieg gegen den Nachbarstaat (aggressives Verhalten) sind genetisch determiniert und dienen der Evolution der Gene, deren Interessen vom System Staat vertreten werden. Kriege sind nicht Aktionen des

Systems Mensch (z.B. der Politiker), sondern genetisch gesteuerte Aktionen einer Menschenart (eines Volkes oder Staates), die dem Handlungsgesetzen der Evolution unterworfen ist. Das System Mensch setzt dem seine Interessen nach Selbstentfaltung entgegen, für die Frieden Voraussetzung ist. Genetische Evolution ist überflüssig geworden. Die Grenze des Systems Mensch umfaßt auch sein geistiges Eigentum, das ihn überlebt und an die Menschheit weitergegeben werden kann. Der geistige Besitz der Menschheit vollzieht eine Evolution, deren Gesetze der Evolution der genetischen Information entsprechen. Die Evolution des Geistes findet jedoch nicht im materiellen Raum statt, so dass für die Weiterentwicklung von Wissen Krieg nicht mehr erforderlich ist.

Ein Kapitel, das sich mit der Geschichte des Systems "Deutschland" befaßt, hat Zimmerman auf Bitte des Verlags entfernt, da es zu Mißverständnissen bei Deutschen, Juden und Kommunisten führen könnte.

Ein weiteres Thema ist unvollendet, nämlich ein Werk über die Funktion des Geldes für die lebenden Systeme Mensch (Individuum), Staat und Menschheit.

Zimmerman war bisher nicht mit der Veröffentlichung seiner Ideen einverstanden. Nun wird es Zeit, dem Philosophiemangel durch die Veröffentlichung seiner Gedanken abzuhelfen, damit sie die Evolution des Geistes befruchten können.

Gabbert, Oktober 1999

Die Hypothesen der Philosophie lebender Systeme

1.

Am Anfang jeder Entwicklung müssen abgegrenzte unterscheidbare Individuen stehen. Ohne Individuen, die sich voneinander unterscheiden, ist Entwicklung undenkbar. Eine Entwicklung toter Systeme nach dem Urknall zu lebenden Systemen kann nur unter der Bedingung stattgefunden haben, dass es unterschiedliche Urteilchen gab.

2.

Lebende Systeme sind begrenzt und offen. Ohne diese Voraussetzungen ist kein Leben denkbar. Geschlossene Systeme lassen keine Entwicklung zu.

3.

"Gut" und "Böse" und aggressives Verhalten sind zwangsläufige Folgen der Konstituierung einer Identität, einer Begrenzung eines lebenden Systems. "Böse" im moralischen Sinn ist das Verhalten eines lebenden Systems immer nur aus der Sicht der Umgebung. Jedes System bewertet seine eigenen Aktionen natürlicherweise als "Gut". Diese moralische Bewertung ist Folge der Begrenzung eines Systems, die bereits vor der Entstehung lebender Systeme und selbstverständlich vor der Geburt des Geistes vorhanden war.

4.

Lebende Systeme handeln nach zwei ganz einfachen Zielvorgaben. Diese beiden Verhaltensregeln sind Selbsterhaltung und Selbstentfaltung. Alle anderen Verhaltensprogramme können diesen beiden Regeln untergeordnet werden.

5.

Die Grenze des lebenden Systems "Mensch" ist nicht seine Hautoberfläche. Zum System Mensch gehört auch sein materielles und sein geistiges Eigentum.

6.

"Evolution" im herkömmlichen Sinn ist die Entwicklung der Arten. Informationsträger dieser Evolution sind die Gene. Das Schicksal der Individuen ist den Genen gleichgültig. Individuen sind den Genen nur wichtig als Träger, Erhalter, Weitergeber und Entwickler ihrer Information. Die Gene wollen ewig leben und opfern die Individuen für den Erhalt ihrer Art und die Entwicklung neuer Arten von Genen.

7.

Repräsentant und Interessenvertreter der Gene sind die Staaten, nicht die Individuen. Das System "Staat" führt Kriege, vernichtet den Nachbarn und sorgt für die Verbreitung und Entwicklung seiner Genart. Evolution (Darwin) ist die Entwicklung der Arten, nicht die Entwicklung von Individuen.

8.

Mit der Geburt des Systems "Mensch" hat eine zweite Evolution begonnen, nämlich die Evolution des Geistes. Information wird nunmehr nicht mehr nur genetisch gespeichert, sondern außergenetisch, nämlich kurzfristig im Gehirn sterblicher (sogenannter "lebender") Systeme und langfristig ausserhalb dieses sterblichen Datenspeichers (hirnextern) in Form von Sprache und Schrift auf überdauernden Informationsträgern. Auch diese Art der vom System Mensch erfundenen Informationsspeicherung ist zeitüberdauernd und macht der genetischen Informationsspeicherung Konkurrenz.

9.

Es besteht ein Interessengegensatz zwischen dem System Staat/Gene und dem System menschliches Individuum/Speicherung der geistigen Inhalte auf überdauernden materiellen Informationsträgern.
Das System Gene/Staat muss für seine Selbstentfaltung die Überproduktion von Individuen betreiben und Kriege führen. Es hat andererseits ein natürliches Interesse an einer sauberen Umwelt (Selbsterhaltung).
Das System Mensch benötigt für seine Selbstentfaltung im geistigen Raum keinen Krieg, seine geistige Natur verlangt Frieden. Das System Mensch lebt nur zeitbefristet, so dass ihm für seine materielle Selbstentfaltung die Umweltverschmutzung egal sein kann.

10.

Im System Mensch wirken die Interessen der Gene im "Es" (weitgehend unbewusst) als Triebe nach Vermehrung (Sexualtrieb) und Ausbreitung (Aggression), im "Über-Ich" (ebenfalls weitgehend unbewusst) die Ansprüche des Systems Staat. Ein Schauplatz des Kampfes der Gene gegen das Individuum liegt also im System Mensch.

11.

Im System Staat vertreten die Herrschenden als Ausführungsorgan der Gene deren Interessen bzw. die Interessen der Bevölkerung als Art (Chromosomen-gemeinschaft). Sie sind jedoch gleichzeitig Individuen, so dass sie die Möglichkeit haben, dem entgegenzuwirken und Entscheidungen im Interesse der Systeme Mensch zu treffen. Der Kampf der Gene gegen die Evolution des Geistes findet daher mit besonderer Heftigkeit in den Systemen Mensch statt, die im System Staat Leitungsfunktion haben.

12.

Wenn kein rationaler Interessenausgleich stattfinden wird, wird das System "Menschheit" in absehbarer Zeit aussterben. Die genetisch gesteuerte Überproduktion von Individuen (genetische Evolution) und der erhöhte Energieverbrauch der Individuen (Selbstentfaltung des Systems Mensch im materiellen Raum) potenzieren sich zum Tod der Menschheit durch Vergiftung der Umwelt.

13.

Die Funktion der Systeme Staat sollte auf die Aufrechterhaltung des inneren Friedens reduziert werden, ansonsten wird die Menschheit den atomaren Tod sterben. Letzteres wäre für das System Erde und die der Gattung Mensch folgenden lebenden Systeme ein Segen.

Kapitel 1
Theoretische Überlegungen zur Bildung eines Systems

1.1.
Die Identität und die Systeme

Am Anfang meiner Überlegungen steht das Eine, die Einheit, die Identität.
Ich beschäftige mich nicht mit dem kleinsten unteilbaren Teil, auch nicht mit ewigen Substanzen, sondern mit der Identität. Damit haben sich viele Philosophen beschäftigt. Die diesbezügliche Literatur ist für mich nicht überschaubar, so dass ich den Leser bitte, sich dort zu bemühen, falls Interesse an diesem Thema besteht.
Für mich ist ein Gesichtspunkt der Identität wesentlich, nämlich der Ursprung der moralischen Wertung (siehe Kap. 1.3.).
Das Eine kann aus vielen oder wenig Teilen zusammengesetzt sein. Es kann diese oder jene Funktion haben oder sich so oder so bewegen. Es kann diese oder jene Eigenschaften haben.
Das entscheidende einer Identität ist seine Grenze.
Alles, was irgendwie begrenzt ist, ist eine Identität. Eine Identität hat eine Begrenzung im materiellen und/oder im ideellen Raum.
Wenn sie (die Identität) nicht in der Lage ist, sich aktiv zu bewegen oder zu vergrößern, handelt es sich um ein Objekt im Sinn der Physik bzw. um ein totes System.
Früher wurde ein Atom als Teilchen angesehen, inzwischen ist bekannt, dass es sich um ein System von Neutronen, Elektronen und Protonen handelt, die ihrerseits wiederum Systeme darstellen, nämlich aus mehreren kleineren Teilchen zusammengesetzt sind (Elementarteilchen). Deshalb sollte man sich hüten, von einem unteilbaren Teilchen zu sprechen. Unteilbarkeit ist ein Merkmal einer Identität, eines Systems und auch eines lebenden Systems. Entweder ist dieses nach der Teilung tot, oder es hat sich vermehrt, oder es hat eine neue Identität.
Wenn sich eine Identität aktiv bewegt, handelt es sich um ein lebendes System.
Alle lebenden Systeme verhalten sich nach gleichen ihnen innewohnenden einfachen Regeln (Gesetzen).
Alle lebenden Systeme sind also (genau wie tote Systeme) begrenzt. Die Grenzen lebender Systeme sind jedoch nicht geschlossen, sondern offen. Lebende Systeme

haben einen Stoffwechsel. Sie nehmen Neues auf, Altes und Unbrauchbares wird aus dem System entfernt.
Lebende Systeme sind begrenzt und offen.
Die Verhaltensregeln lebender Systeme werde ich im 2. Kapitel ableiten. Zunächst (im 1. Kapitel) geht es darum zu sehen, was mit der Grenzsetzung, die eine Identität schafft, verbunden ist.
In der Physik ist viel mit künstlichen Identitäten experimentiert worden, zum Beispiel mit einer Kugel. Man hat mit ihrer Hilfe und der Hilfe einer schrägen Ebene die Bewegungsgesetze gefunden. Hier haben wir bereits ein künstliches System, das aus Kugel und schräger Ebene besteht. Man hat herausgefunden, dass sich tote Identitäten, Gegenstände, Objekte innerhalb eines begrenzten Systems mit gleichförmiger Geschwindigkeit fortbewegen, deren Richtung und Ausmaß sich ewig nicht ändert. Dieses Verhalten (die gleichförmige Bewegung) ist leicht herauszubekommen, schwierig wird es dann jedoch mit der Inbeziehungssetzung zu einem anderen Objekt, oder einer anderen Identität. Es sind nur Verhältnisse herauszubekommen, Identität A bewegt sich im Verhältnis zu Identität B mit dieser Geschwindigkeit. Absolut könnte es andersherum oder auch noch komplizierter sein.
Hiermit können sich andere beschäftigen. Ich hingegen will die Regeln erforschen, mit denen sich lebende Identitäten bewegen. Diese Bewegungen sind für mich interessanter, weil sie nicht mit physikalischen Methoden meßbar sind. Sie sind anscheinend chaotisch. Dauernd ändert der Mensch seine Bewegungsrichtung und die Geschwindigkeit seiner Bewegung. Bei anderen lebenden Systemen, wie zum Beispiel Pflanzen, ist das nicht so auffällig. Im Mittelpunkt meiner Forschung stehen die Bewegungen des Menschen, weil diese leichter zu erforschen sind. Der Mensch kann nämlich Auskunft darüber geben, warum er sich so oder so bewegt.
Der Mensch gehört zu den offenen begrenzten lebenden Systemen.
Ein solches lebendes System hat eine Identität, besteht aus vielen Teilen, ist aber offen und begrenzt. Obwohl es lebendes System genannt wird, weil es sich vermehren und bewegen kann, müsste man es genau genommen als sterbliches System bezeichnen. Ich befasse mich also besonders mit sterblichen Systemen und vor allem mit dem System Individuum Mensch (Kapitel 4 bis 6). Zuvor jedoch analysiere ich das System Art, besser Genart, und seinen Phänotyp, den Staat (Kapitel 3). Für dieses System paßt der Begriff lebendes System besser, da genetisch definierte Systeme auf unendliche Lebensdauer hin programmiert sind. Lebende Systeme können sich im übrigen im Gegensatz zu toten Systemen (Dingen) entwickeln. Die

zeitlich begrenzte Existenzform der Teilsysteme eines Staates, nämlich der menschlichen Individuen, ist Voraussetzung für die Evolution dieser Systeme.
Die Unteilbarkeit, die vom kleinsten Teilchen vermutet wurde, hat sich als Fiktion erwiesen. Alle derartige "kleinste" Teilchen konnten bisher immer weiter geteilt werden. Die Unteilbarkeit ist also praktisch nicht eine Eigenschaft des kleinsten Teilchens. Dieses kleinste Teilchen existiert lediglich als Hypothese in den Köpfen einiger Systeme Mensch. Unteilbarkeit und Einheit ist die Eigenschaft eines begrenzten Systems. In dem Moment, in dem man ein System teilt, geht es unter, existiert es nicht mehr. Es sei denn, es hat die Fähigkeit zur Regeneration, so dass aus dieser Teilung zwei Systeme entstehen. Dann hat man es allerdings nicht geteilt, sondern verdoppelt. Auf diese Art vermehren sich auch viele einfache lebende Systeme.

1.2. Die Begrenztheit offener Systeme

Die Welt besteht aus offenen begrenzten Systemen.
Genau genommen gibt es lediglich ein geschlossenes System. Dies ist die Welt als Ganzes mit allem, was in ihr existiert.
Alle lebenden Systeme innerhalb der Welt sind offen. Alle lebenden oder toten Systeme sind Subsysteme, die miteinander kommunizieren, voneinander abhängig sind, sich verändern oder verändert werden.
Naturgesetze sind dadurch entdeckt worden, dass der Untersucher den Untersuchungsgegenstand eingrenzt, definiert und idealisiert und zusätzlich seinen Einfluß auf diese "Gegenstände", die ja auch Teil des Systems sind, vernachlässigt. Aber genau genommen sind auch Gegenstände der unbelebten Natur Veränderungen unterworfen, weil sie in Wechselwirkung mit ihrer Umwelt stehen. Allerdings verändern sie sich - jedenfalls makroskopische tote Systeme - passiv und in erster Linie in Richtung Verfall. Sie Alle existenten Subsysteme der Welt sind also offene Systeme.
Da es viele derartige offene Systeme gibt, muss es auch Grenzen dieser Systeme zueinander geben. Sie werden gegeneinander abgegrenzt oder grenzen sich selbst gegen ihre Umgebung ab.
Alle offenen Systeme sind begrenzt. Dies gilt auch für lebende Systeme. Zur Korrektur eines beliebten Denkfehlers sei zur Begrenztheit noch ein Satz hinzugefügt. Das Denken setzt die Begrenzung eines Systems gern mit der Geschlossenheit eines Systems gleich. Dies ist jedoch fehlerhaft. Begrenztheit und Geschlossenheit haben

nichts miteinander zu tun. In der Praxis ist das Gegenteil der Fall: Jedes System hat eine definierte materielle und/oder ideelle (immaterielle) Grenze. Diese Grenze hat regelmäßig eine besondere Eigenschaft, nämlich die der Offenheit. Absolut geschlossene Systeme können nicht innerhalb der Welt existieren. Dies gilt auch für lebende Systeme.

Alle lebenden Systeme sind offen und haben Grenzen.

Sie müssen schon deshalb Grenzen haben, weil es mehrere sind. Es sind also offene begrenzte Systeme.

Phänomenal ist, dass diesen offenen Systemen, die sich selbst subjektiv als System von dem umgebenden Milieu und von anderen Systemen abgrenzen und sich selbst als Einheit definieren, im allgemeinen nicht bewusst ist, wie sie das tun, was sie dabei überhaupt machen und warum sie derartiges tun. Sie können in der Regel nicht denken und nicht sprechen und mir meine Fragen nicht einfach in Worten beantworten. Das Denken ist keine Eigenschaft offener begrenzter lebender Systeme, sondern eine Eigenschaft des lebenden offenen begrenzten Systems Mensch (Individuum Mensch).

Die Selbstdefinition als Einheit, die diese Systeme vornehmen, ist ein unbewusster Vorgang. Lediglich das System Mensch bildet eine Ausnahme und könnte mir möglicherweise meine Fragen beantworten.

Komplexe offene begrenzte lebende Systeme (Gesellschaft, Mensch) haben allerdings die Eigenschaft, sich selbst weiterhin als Einheit zu erleben, auch wenn man ihnen Teile wegnimmt. Man kann z.B. einem Menschen mehrere Extremitäten entfernen und diverse Organe austauschen - dennoch bleibt dieser Mensch existent und versteht sich genauso wie vorher als Einheit. Einem System Staat können ebenfalls Landesteile weggenommen werden, dennoch definiert sich der Rest weiterhin als Einheit, als Identität.

Regeln, nach denen sich Veränderung und Entwicklung dieser Systeme abspielen, lassen sich am besten am Menschen und an gesellschaftlichen Systemen (Staat) studieren. Das Ergebnis dieser Studien offeriere ich später. Grundsätzlich denke ich, dass Gesetzmäßigkeiten, die sich an der Entwicklung des Menschen finden lassen, auf einfachere Systeme übertragbar sind, da historisch gesehen komplexe Systeme aus einfachen Systemen hervorgegangen sind. Zunächst schildere ich die Regeln (Programme) allgemein.

1.3.
Logische Folgen der Begrenzung eines Systems

Die Bildung des ersten Systems hat mit einer Aufteilung zu tun (oder mit einem Sprung, dem Ur-Sprung). Die Ursache wird unserem Verstand wohl stets verschlossen bleiben, aber das Verb "urteilen" könnte etwas über die Entstehung eines Systems aussagen.
Am Ursprung steht ja eine Teilung in Ich und Umwelt, in Identität und Nicht-Identität, in Selbst und Nicht-Selbst (die Ur-Teilung).
Diese Ur-Teilung ist mit einem Urteil im Sinne unseres Sprachgebrauchs verbunden. Das Ich, die Identität des Systems (und alles, was es tut) wird als GUT beurteilt und die Umwelt wird, soweit sie der eigenen Überlebensabsicht entgegensteht, als BÖSE beurteilt.
Dies ist kein rationales Urteil oder ein durch Erfahrung korrigierbares Urteil, sondern ein Aspekt der Identität des lebenden Systems. Es handelt sich um ein primäres Einteilungsprinzip, das erste Werteprinzip, die erste Orientierungsrichtlinie.
Diese Wertung kommt allerdings nicht primär zum Tragen, sie hat zunächst keinerlei Bedeutung. Eine Bedeutung bekommt sie erst mit der Entstehung von Systemen, die leben und die aktiv sind, also im Tierreich und insbesondere beim Menschen.
Am Beginn der subjektiven Identitätsbildung muss eine Selbstdefinition stehen.
Irgendwann muss eine zwar komplizierte, noch relativ einfach strukturierte, irgendwie organisierte Menge von unterschiedlichen Elementen die "Idee" gehabt haben, sich als eine Einheit zu definieren (vielleicht aufgrund ihrer physikalischen Eigenschaften). Die Bildung eines derartigen Systems, das sich als Einheit auffaßt und definiert, könnte man auch als ein "Setzen" bezeichnen (Fichte). Dieser Akt der Selbstdefinition ist unerklärlich. Mit der Entstehung einer Identität oder eines begrenzten Systems können sich andere Leute befassen. Ich beschäftige mich lediglich mit der Frage, was alles zu diesem Ereignis gehört.
Die neu entstandene Einheit ist offen, besteht aus kleineren Bausteinen innerhalb selbstbestimmter Grenzen, ideell als Selbstdefinition, subjektiv als Wille, nimmt gleichzeitig Wertungen vor und handelt. Letzteres bezieht sich auf lebende Systeme, mit denen ich mich befasse.
Eine derartige Einheit nenne ich Identität (subjektiv aus der Sicht dieser Einheit) bzw. Individuum (das Unteilbare). Das wurde bereits erläutert.
Identitäten verschiedener Ordnungshöhe sind z.B. die Zelle, der Mensch und eine Gesellschaft (z.B. ein Staat).

Ein Neues an dieser unerklärlichen Selbstschöpfung besteht darin, dass sich etwas als eine Einheit versteht, was zusammengesetzt ist. Die Einzelteile (Subsysteme) ordnen sich unter, bilden zusammen eine Einheit, ein komplexeres offenes begrenztes System. Sie fassen sich zusammen als etwas Vollständiges auf. Es wird eine neue Einheit höherer Ordnung von diesen Untereinheiten selbst definiert.
Mit dieser Selbstdefinition als Einheit werden Wertungen vorgenommen. Eine Wertung besteht darin, Wichtiges und Unwichtiges zu trennen. Es gibt Dinge, die für die Selbstdefinition als Einheit wichtig sind, anderes ist dafür unwichtig.
Beispielsweise ist unwichtig, aus welchen konkreten Atomen eines Elements oder aus welchen konkreten Molekülen sich die Einheit zusammensetzt. Die Bestandteile des Systems sind weitgehend austauschbar und werden während des Lebens dieser Einheit ständig ausgetauscht (Stoffwechsel). Trotz dieses ständigen Austauschs seiner Elemente besteht eine Idee der Einheit, die Identität.
Es wird eine Grenze definiert, die das Innere der Einheit von der Außenwelt abgrenzt.
Aus Sicht der Logik ist dies eine Selbstverständlichkeit. Praktisch handelt es sich aber um eine sehr interessante Entscheidung darüber, wo die Grenze liegt.
Es wird Ent-schieden, getrennt, es wird ein Ur-teil gefällt. Es handelt sich tatsächlich im Ursprung um eine Teilung von innen und außen.
All dies wird vorgenommen, ohne dass ursprünglich ein Organ vorhanden ist, das denken kann. Ohne ein Gehirn wird entschieden, was zum Atom gehört und was nicht, was zu einem Einzeller gehört und was nicht.

1.3.1. Wertungen

Die Schaffung einer solchen Einheit ist eine Teilung in Ich und Nicht-Ich mit der entsprechenden Wertung. Mit dieser Bewertung des Guten (für das Ich nützlich) und des Schlechten (für das Ich schädlich) wird eine Welt strukturiert.
Die ausserhalb des Systems vorhandenen Gegen-Stände werden einer Wertung zugeführt. Diese Orientierung, die der Organismus sich schafft, ist ein schöpferischer Akt. Der Konstruktivist würde sagen, das Individuum konstruiert sich seine Welt. Diese Welt-Konstruktion ist untrennbar mit der Entstehung eines lebenden Systems verbunden.
Die Entscheidung über die Position der Grenze und darüber, was nach innen gehört und was hinaus muss, also die Entscheidung über das, was für die Selbstorganisation des Systems notwendig ist und was dem Überleben (der Selbsterhaltung) des

Systems schadet (Trennung in Gut und Schlecht), hat einen weiteren Aspekt, nämlich den der Information.
Das nunmehr begrenzte System muss die Fähigkeit haben, die Partikel bzw. Wellen oder Energien seiner Umgebung, die nunmehr als Außenwelt vorhanden sind (Objekte), insoweit zu erkennen (Wahrnehmung) und zu ordnen, dass das System eine Entscheidungsgrundlage dafür hat, welche Objekte es für seine Selbsterhaltung benötigt.
Das Erkennen der Objekte muss zwar differenziert sein (Diskriminierung, Identifikation), die Bewertung der Objekte ist jedoch zweipolig. Auf der Ebene der Bewertung gibt es nur noch ein Entweder-Oder, nämlich das besagte GUTE und BÖSE. Das BÖSE muss abgesondert werden - falls es sich innerhalb des Systems befindet -, man muss sich vor ihm schützen (die Grenze verstärken), man muss vor ihm fliehen usw.. Grundlage für alle weiteren Handlungen (Operationen) ist jedoch diese Information.
Primär ist also die Grenzziehung und das damit verbundene Urteil über Selbst und Fremd (Nicht-Selbst). Erst durch die Grenzziehung entsteht Information. Die Information haftet also nicht den Objekten als Eigenschaft an, sondern wird ihnen vom Subjekt, vom begrenzten lebenden System, zugeordnet.
Objekte sind an sich völlig neutral und können es für das lebende System auch bleiben. Jedes lebende System erkennt (identifiziert) lediglich die Objekte, die für seine Fortexistenz eine Bedeutung haben (Wahrnehmung).
Diese Objekte müssen deshalb wahrgenommen werden, weil sie entsprechend ihrer Bedeutung für die Selbsterhaltung des Systems in gute und gefährliche eingeteilt werden müssen. Nur um den Erhalt dieser Information wegen muss überhaupt wahrgenommen werden.
Der Informationsgehalt einer Botschaft haftet nicht der Botschaft (Nachricht, Meldung) an, sondern wird ihr vom Empfänger gegeben. Je komplexer und damit störanfälliger ein lebendes System ist, desto bessere Empfänger (Sensoren) benötigt es. Aufgabe der Sensoren ist und bleibt jedoch ihr biologischer Sinn, nur solche Botschaften zu empfangen, die eine Bedeutung für die Selbsterhaltung und Selbstentfaltung haben. Auf den Empfang derartiger Nachrichten ist auch die Wahrnehmung des Menschen begrenzt. Durch Erfindung von Apparaten wurde die Wahrnehmung erweitert (z.B. Geigerzähler zur Erkennung unsichtbarer radioaktiver Strahlen). Derartige Erfindungen wurden deshalb erforderlich, weil der Mensch seine eigenen Lebensbedingungen negativ verändert hat und Tötungsmaschinen erfunden hat, gegen die er sich erwehren muss (z.B. Ultraschallmeßgeräte zur Identifizierung feindlicher U-Boote). Wahrnehmung ist

jedoch auch beim System Mensch weiterhin nur dazu da, das Überleben zu sichern. Sie liefert nur wesentliche Informationen. Vorgänge, die für das Überleben des Menschen bedeutungslos sind, werden in der Regel gar nicht erst wahrgenommen. Der Informationsgehalt einer Wahrnehmung kann reduziert werden auf eine plus-minus Information. Sogenannte "übersinnliche" Wahrnehmungen einzelner Individuen haben für die Existenz des Wahrnehmenden in der Regel gar keine Bedeutung, beunruhigen ihn lediglich.

1.3.2. Handeln

Mit der Definition als Einheit geht bei lebenden Systemen die Fähigkeit einher, als Einheit zu handeln.

Darin besteht ein weiterer Unterschied zu dem, was vorher bestand. Diese neu geschaffene Einheit kann aktiv handeln. Sie handelt als Einheit und manifestiert sich durch Handlung als Einheit.

Der gedankliche Akt der Selbstdefinition wird durch das Handeln als Einheit zur Realität. Beides - die Idee der Einheit und das Handeln als Einheit - sind zwei Seiten desselben Schöpfungsaktes. Es handelt sich also nicht um ein zeitliches Nacheinander.

Das Handeln dieser Einheit unterliegt zwei grundsätzlichen Handlungsprogrammen.

Dies sind das Programm Selbsterhaltung und das Programm Vergrößerung (Vermehrung).

Im Grunde handelt es sich bei diesen beiden Programmen lediglich um das Prinzip Ausdehnung in seinen Dimensionen Zeit und Raum.

Nicht nur das Weltall dehnt sich aus, sondern eben auch die in ihm existierenden lebenden Systeme, die sich jeweils eine Begrenzung definiert haben, die sich sozusagen vom Rest des Universums abgrenzen. Sie gehorchen jedoch ebenso dem Prinzip Ausdehnung, Vergrößerung.

Das Programm Selbsterhaltung ist nichts anderes als die Ausdehnung in der Zeit, das Programm Vergrößerung die Ausdehnung im Raum (auch im geistigen Raum).

Selbsterhaltung

Um Selbsterhaltung zu gewährleisten, nimmt die Einheit einen Stoffwechsel mit der Umwelt vor. Die Bausteine der neuen zusammengesetzten Einheit werden ständig erneuert. Dazu werden neue Bausteine aus der Umwelt nach innen aufgenommen und alte Bausteine und solche, die nicht benötigt werden, in die Umwelt ausgeschieden (Stoffwechsel). Organisch gesehen besteht also ein Fließgleichgewicht mit

der Umwelt. Dabei bleibt die Einheit relativ gleich, konstant. Aus dieser Sicht könnte man deshalb von Konstanzprinzip sprechen. In Bezug auf menschliche Systeme höherer Ordnung (z.B. Staaten) könnte man es als den Konservativismus bezeichnen.
Erforderlich dafür ist eine Anpassung an die Verhältnisse der Umwelt, aus der die Bausteine entnommen werden. Es besteht eine Abhängigkeit von einem bestimmten Milieu. Deshalb kann man auch von Anpassung oder Abhängigkeit sprechen.
Das Handlungsziel Selbsterhaltung führt zur Anpassung.
Selbsterhaltung heißt nicht nur aktiver Kampf um das Überleben, sondern auch Flucht, Tarnung, Nahrungssuche, Nahrungsvorsorge. Selbsterhaltung hat demnach diverse Unterprogramme, deren Handlungsweisen im Einzelfall auch mehrere Zielvorgaben gleichzeitig befriedigen können. Auch das Programm Selbstentfaltung kann eventuell gleichzeitig befriedigt werden.
Aus der Vielzahl der Möglichkeiten, verschiedenen Zielvorgaben gerecht zu werden, oder eine in den Vordergrund zu stellen, ergibt sich Handlungsfreiheit, Wahlmöglichkeit.
Im Grunde ist jedoch Selbsterhaltung (Anpassung) nur ein Mittel zum Zweck.
Zweck ist die Ausdehnung. Vermehrung ist einerseits die Ausdehnung im Raum, andererseits in der Zeit. Durch die Vermehrung kann die Information, die diese Einheit enthält, zeitlich überdauern.
Selbsterhaltung ist nicht nur passiv, sondern auch aktiv. Gelungene Selbsterhaltung schafft nicht nur beispielsweise Sättigungsgefühl, sondern auch narzisstisches Befriedigungsgefühl.
Selbsterhaltung bedeutet in Bezug auf lebende Systeme höherer Ordnung auch, dasjenige auszuscheiden, das als fremd innerhalb des Systems identifiziert wird. Der Mensch scheidet Gifte aus, im System Staat gibt es stets Kräfte, deren Tendenz darin besteht, neuartiges und fremdartiges zu eliminieren.
Handlungen, die dem Prinzip Selbsterhaltung entsprechen, werden vom System stets als "GUT" bewertet, auch wenn sie aggressiv sind und (unbewusst) aggressive Regungen befriedigen.

Ausdehnung

Das ebengenannte Prinzip wird ergänzt durch ein zweites Programm, nämlich das der Ausdehnung, in beim System Mensch das Programm Selbstentfaltung.
Eine derartige Einheit, ein begrenztes offenes lebendes System, unterliegt zusätzlich einem Handlungsprogramm, das nach Vergrößerung, Ausbreitung, Entfaltung, Vermehrung und nach Veränderung drängt.

Es scheint so, als ob die Selbsterhaltung nicht genügt. Es werden Schritte in Richtung Veränderung des Systems und der Umwelt in Richtung Ausbreitung vorgenommen. Dies könnte ursprünglich den Sinn haben, die Selbsterhaltung auch im Falle möglicher zukünftiger Veränderungen des umgebenden Milieus zu sichern. Dies hätte also auch den Gesichtspunkt der vorausschauenden Anpassung (Arche-Noah-Prinzip, Kap. 3.12.).
Das Selbstentfaltungsprogramm geht über die Anpassung an das gegenwärtige Milieu hinaus. Das lebende System (Einheit, Organisation) strebt nach Vergrößerung. Es probiert Neues aus, es will sich offensichtlich entfalten, neue Möglichkeiten ausprobieren. Diese Tendenz zur Selbstentfaltung ist das zweite wichtige Handlungsprinzip oder Verhaltensprogramm (siehe z.B. Kapitel 2.12.).
Handlungen, die der Selbstentfaltung dienen, befriedigen häufig gleichzeitig narzisstische und aggressive Bedürfnisse.

Kommunikationsprinzip, Auseinandersetzung und Vereinigung
Zum Zweck der Selbsterhaltung und der Selbstentfaltung tritt das neue System in Kontakt mit anderen Einheiten gleicher Ebene, mit denen es um die Aufnahme seiner Bausteine konkurriert und andererseits Verbindungen mit ihnen eingeht, um das überleben durch gemeinsame Aktionen besser zu sichern.
Lebende Systeme gleicher Ebene können miteinander in Kontakt treten, kommunizieren (Kommunikationsprinzip). Dies müssen sie, um die Grenzen zueinander festzulegen. Sie haben danach zunächst einmal die Tendenz, sich in einem ihnen zur Verfügung stehenden Raum gleichmäßig zu verteilen, andererseits bleiben sie in Kontakt - die Grenzen berühren sich nämlich. Diese Regel gilt im übrigen wohl auch für andere als für lebende Systeme (Gase).
Normalerweise treten lebende Systeme zunächst in Konkurrenz miteinander, da sie für ihren Fortbestand die gleichen Bausteine (Objekte) benötigen (Konkurrenzregel). Werden diese Objekte knapp, muss um sie gekämpft werden. In dieser Situation gibt es jedoch auch eine weitere Lösungsmöglichkeit, die den Fortbestand sichert, nämlich die Vereinigung von zwei oder mehreren Systemen gleicher Ebene zu einem lebenden System höherer Ordnung. Dies könnte als Vereinigungsregel (Vereinigungsprogramm) bezeichnet werden. Die neu geschaffene Einheit ist größer und damit durchsetzungsfähiger.
Das Problem für die Individuen, die sich zu dem komplexeren System vereinigt haben, besteht allerdings darin, dass sie ihre Identität aufgeben müssen.
Das Programmziel Selbsterhaltung (Überleben) kann also zu entgegengesetzten Handlungen führen, nämlich zu aggressivem Verhalten (Auseinandersetzung) und

zu "sozialem" Verhalten (Vereinigung durch Unterordnung unter eine größere Identität). Das Vereinigungsverhalten im Rahmen des Programms "Überleben" wäre also die Ursache der Bildung komplexerer Systeme.
Festzuhalten sind also zwei sich ergänzende Verhaltensprogramme (Selbsterhaltung und Ausdehnung, Selbstentfaltung) und deren Unterprogramme (z.B. Vereinigung und Auseinandersetzung, Kampf).

1.3.3.
Der Wille

Subjektiv äußern sich die aus der Identitätsbildung resultierenden Handlungen als Wille.
Der Wille geht also nicht den Handlungen voran, sondern ist die subjektive Seite des Handelns. Gehandelt wird von allen lebenden Systemen. Handeln heißt, dass das System sein Verhalten ohne äußeren Einfluß ändern kann. Tote Systeme bewegen sich mit gleichförmiger Geschwindigkeit und ändern diese nur, wenn äußere Einflüsse einwirken. Lebende Systeme hingegen können jederzeit ihre Geschwindigkeit und ihre Bewegungsrichtung ohne direkten äußeren Reiz ändern.
Der Wille ist natürlich nur beim Menschen nachweisbar. Auch in diesem Punkt zeigt sich die Überlegenheit meines Ansatzes, den Menschen als Untersuchungsobjekt für die Entstehung und die Entwicklung lebender Systeme zu nehmen.
Das nach außen hin einheitliche, einem Ziel untergeordnete, Handeln zeigt sich im Innern als Wille. Der Begriff "Wille" wird hier also anders benutzt (subjektiv), als Schopenhauer ihn verwendet. Das, was Schopenhauer als Wille versteht, wäre wohl etwa die oben bezeichnete Idee zur Schaffung einer Einheit oder das, was ein Konstruktivist als die Wurzel der Wirklichkeitskonstruktion ansehen würde.

1.4.
Besonderheiten sich bewegender lebender Systeme

Begrenzte Systeme beginnen also mit der Definition einer Grenze.
Die Grenze grenzt das Innere der Einheit von der Außenwelt ab. Das trifft auf alle existenten Systeme zu.
Wie unterscheiden sich Pflanzen (sich nicht bewegende sondern nur wachsende lebende Systeme) und Tiere (lebende bewegliche Systeme?
Sie unterscheiden sich erstens hinsichtlich Ihrer Grenze.
Bei Pflanzen bildet die Oberfläche ihrer materiellen Existenz ihre Grenze. Eine Pflanze endet an ihrer Oberfläche. Auch ein Kristall hört an seiner materiellen Oberfläche auf.

Bei beweglichen lebenden Systemen ist ihre Grenze nicht mit ihrer materiellen Oberfläche identisch.
Sich bewegende lebende Systeme sind zweitens aggressiv. Das Handlungsprogramm töten ist spezifisch für sich bewegende lebende Systeme (insofern bewegen sich auch fleischfressende Pflanzen).
Das ist wichtig zum Verständnis lebender Systeme, die sich bewegen, wie Tiere und Menschen. Bereits Tiere haben ein Jagdrevier, bauen Nester usw. Sie erweitern also ihr Selbst über ihren Körper hinaus. Ihr Selbst ist größer als ihr Körper.
Beim Menschen ist dies besonders extrem. Zum menschlichen Selbst gehört neben seinem Körper auch seine Wohnung, sein materieller Besitz, sein Geld und sein geistiges Eigentum. Auch letzteres ist sogar gesetzlich geschützt. Das Eigentum gehört zu ihn.
Seine Grenze ist also eben nicht identisch mit seiner Oberfläche. Dies wird gern übersehen. Es wird deshalb übersehen, weil gerade diese Grenzausweitung über den Körper des lebenden Systems hinaus zu den meisten aggressiven Konflikten zwischen lebenden Systemen auf gleicher Ebene führt.
Wenn zwei lebende Systeme die gleiche Materie für sich beanspruchen, müssen sie darum kämpfen. Da diese Aggressivität nicht zu dem Selbstbild des lebenden Systems paßt, wird sie ins Unbewusste verdrängt, sofern das lebende System zu Bewusstsein fähig ist. Dies Verdrängung ist deshalb leicht, unproblematisch, weil der Tod des anderen lebenden Systems nicht das Handlungsziel ist. Handlungsziel ist das Überleben. Ziel ist bei mir das Essen von Fleisch usw., nicht die Tötung eines Tieres. Die Tötung eines anderen lebenden Systems ist zwar notwendige Voraussetzung, aber nicht das Ziel oder der Sinn meiner Handlung. Deshalb lässt sich die Tötung, das Aggressive, leicht verdrängen.
Die beiden Zielprogramme des Handelns, nämlich Selbsterhaltung und Selbstentfaltung, stellen lediglich die Ausdehnung des Systems in den beiden Denkkategorien Zeit und Raum dar.
Selbsterhaltung (Überleben) ist die Ausdehnung in der Zeit, Selbstentfaltung die Ausdehnung im Raum (auch im immateriellen Raum).
Seltsam und paradox erscheint es, dass der Ursprung existenter lebender Systeme eine Begrenzung im Raum (und in der Zeit) ist (s.o.), und das Ziel der Existenz derartiger begrenzter Systeme in der Vergrößerung (Ausdehnung) in Raum und Zeit besteht.
Selbstverständlich ist dies logisch: nur etwas, was eine Grenze hat, was räumlich und zeitlich begrenzt ist, kann sich überhaupt vergrößern (oder verkleinern). Was keine Ausdehnung hat, kann sich nicht vergrößern.

In der Welt als Ganzes gilt derzeit wohl nur die Vergrößerung, nicht die Verkleinerung.
Die Theorie der offenen begrenzten Systeme und der Identität derartiger Systeme ist unter Berücksichtigung der Beobachtung und der Interaktion mit Menschen und Menschengruppen plausibel. Ein "Beweis" für ihre Richtigkeit im Sinne der Naturwissenschaft ist nicht möglich, da mit Menschen und Menschengruppen keine Experimente angestellt werden können. Es können daher nur Indizien angeführt werden oder die Theorie plausibel gemacht werden. Wir befinden uns in einem Bereich, in dem man sich damit abfinden muss, dass es keine Beweise gibt. Die hier offerierte Theorie ist lediglich eine Konstruktion der Wirklichkeit. Eine andere Theorie, die sich mit diesem Thema befaßt, könnte die Wirklichkeit anders konstruieren. Deshalb kann ich einerseits keinen Anspruch darauf erheben, dass meine Theorie der Wahrheit entspricht. Andererseits gibt es grundsätzlich auch keine Gegenbeweise, sondern lediglich andere Theorien, die das Untersuchungsobjekt - offene lebende begrenzte Systeme - möglicherweise einfacher oder besser beschreiben. Ich berufe mich daher auch sehr wenig auf andere Autoren. Dadurch, dass ein anderer eine ähnliche Sicht der Dinge hat, wird meine Sicht ja nicht wahrer. Beeinflußt und geprägt worden bin ich zunächst von Psychoanalytikern, dann von der Tierverhaltensforschung, der Evolutionstheorie, der Chaostheorie und zuletzt vom Konstruktivismus und seinen Vertretern.
Für die Aspekte Einheit und Begrenzung müssen wohl keine Indizien angeführt werden. Aus Gründen der Logik ist klar, dass etwas, was sich als Einheit versteht und als Einheit handelt, per definitionem eine Einheit darstellt und als solche eine Grenze hat. Diese muss allerdings nicht geschlossen sein, wie oft fälschlicherweise angenommen wird. Die aus dieser Begrenztheit gezogenen Schlußfolgerungen sind logisch und benötigen daher keines zusätzlichen Beweises.
Sie können auch aus der Phylogenese plausibel gemacht werden.
Offensichtlich gibt es Begriffe, die angeboren sind, z.B. die Begriffe Raum, Zeit (Kant) und eben auch der Begriff "Ich", "Eigentum" (als das, was zum Ich gehört) und GUT, sowie der Begriff des Fremden, "BÖSEN".
Ersterer Begriff mit den Inhalten Ich, Eigentum, GUT wäre der der Identität, und der Gegenbegriff wäre der der Nicht-Identität, der mit Inhalten wie fremd und böse gefüllt ist.
In dem Moment, in dem sich eine Teilmenge (System) von einer Masse durch einen Unterschied abhebt, entsteht ein Unterschied. Es entsteht eine Grenze. Es wird ein Innen von dem Außen unterschieden.
Das, was innen ist, ist das Selbst.

Dieses ist "subjektiv" (aus der Sicht der entstandenen Identität, auch wenn diese nicht in der Lage ist, Gefühle zu haben) das GUTE. Das, was außen ist, das BÖSE. Die von Kant als a priori bezeichneten Begriffe haben sich im Verlauf der Evolution genetisch verankert. Sie sind sozusagen kondensierte Erfahrung.
Erfahrung hat sich im genetischen Gedächtnis verankert und erscheint dem Menschen als Begriff a priori vorhanden.
Die Bewertungen GUT und BÖSE sind logische Konsequenzen aus der Teilung von Ich und Umwelt, Folgen der Ur-Teilung. Sie entspringen nicht einer Überlegung oder einem Gefühl oder dem Gehirn. Auch gehirnlose lebende Systeme haben diese Unterteilung, nehmen sie aber wohl nicht in unserem Sinne wahr.

1.5. Das Setzen im Sinne von Fichte

Den unerklärlichen Schöpfungsakt, den ich beschrieben habe, haben bereits andere gesehen und zu beschreiben versucht. Mir ist lediglich der Versuch der Bibel und der von Fichte bekannt.
Ausgehend von Kants Erkenntnis, dass das menschliche Denken das Ding an sich nicht erkennen könne, wandte sich die Philosophie dem Ich zu. Grundlage einer Wissenschaftslehre müsste die Kenntnis des menschlichen Erkenntnisapparates sein. Erst wenn dessen Funktionsweisen bekannt seien, wäre es denkbar, objektive Erkenntnis über die Welt um uns herum zu gewinnen.
Fichte betrachtet in diesem Sinn die Beschäftigung mit dem Ich als die Grundlage jeglicher Wissenschaft. Er legt nun aber nicht die subjektive Wahrnehmung der eigenen Person (dies wäre ja etwas Subjektives und nicht-wissenschaftlich) oder irgendwelche Ich-Funktionen, die ja von der Psychiatrie willkürlich geschaffen wurden, zugrunde, sondern bleibt rein abstrakt.
Dieses abstrakte Denken ist einerseits schwierig zu verstehen und die Texte unmöglich lesbar, andererseits aber bewahrt diese Abstraktion den Anspruch auf Objektivität.
Nach dieser "Wissenschaftslehre" ist das Ich der höchste Begriff (Über den Begriff der Wissenschaftslehre, S. 73). "Das Ich setzt sich selbst und setzt sich damit das Nicht-Ich gegenüber.
"Dasjenige, dessen Sein (Wesen) bloß darin besteht, dass es sich selbst als seiend setzt, ist das Ich, ... So wie es sich setzt, ist es; und so wie es ist, setzt es sich;..." (Grundlage der gesamten Wissenschaftslehre, S. 17).

Dieser Fichte`sche Begriff des Setzens ist genau das, was ich auch meine, wenn ich den Beginn der Evolution mit der Schaffung einer Grenze zwischen einem begrenzten offenen System und dem Gesamtsystem "Welt", das geschlossen ist, ansetze.
Dieser Schöpfungsbegriff, wo sich ein begrenztes Systems selbst definiert, ist der des Setzens von Fichte. Das Fichte`sche Ich ist mein offenes begrenztes System, das sich selbst seine Grenze definiert, bzw. setzt.
Dem zweiten Teil seiner Wissenschaftslehre ("praktische" Teil) legt Fichte den Begriff des Strebens zugrunde (Über den Begriff der Wissenschaftslehre, S.74). Dies ist die Parallele zu meinen Begriffen der Selbsterhaltung und der Selbstentfaltung.
Dass der höchste Zweck des Forschens darin bestehe, die Menschheit zu veredeln (Über den Begriff der Wissenschaftslehre, S. 76), ist meiner Ansicht nach allerdings eine Wertung Fichtes, derer er sich als Wissenschaftler enthalten sollte.
Der Zweck der Evolution besteht im Überleben und in der Entfaltung jedes begrenzten Systems. Die Mittel, um diese Zwecke zu erreichen, widersprechen der Fichte`schen Moral diametral.
Die "Moral" hat die Funktion, die eigene Aggressivität von der Wahrnehmung des handelnden (begrenzten offenen) Systems fernzuhalten.
Die Wahrnehmung dieser systemimmanenten Aggressivität ist auf der Ebene menschlicher Systeme jedoch die Voraussetzung dafür, aggressives Verhalten steuern zu können und damit eine Chance zu haben, den Untergang der Menschheit hinauszögern zu können.
Interessant ist, dass Fichte die Grenze ganz anders definiert. Ich sehe die räumliche Begrenzung des Systems als Ursprung jedes Systems, sei es lebend oder nicht-lebend. Zugegebenermaßen klingt dies äußerst primitiv. Für Fichte ist die Grenzziehung das Ergebnis des Strebens des Ichs und des Gegenstrebens des Nicht-Ichs, wobei sich ein Gleichgewicht herstelle (Grundlage der gesamten Wissenschaftslehre, S. 204ff, §7). Das klingt nicht so primitiv und außerdem moderner und auch wissenschaftlich.
Aber es überzeugt mich nicht. Für mich ist das Primitive, das Einfachere das Wahre, das, was ich verstehe und nachvollziehen kann. Der Akt des Setzens besteht für mich lediglich darin, dass sich mehrere Systeme zusammenschließen (z.B. mehrere Atome zu einem Molekül oder mehrere Einzeller zu einem Vielzeller) und sich selbst als neue Einheit definieren. Damit wird die Grenze zur Umwelt definiert und festgelegt, welche Elemente dazugehören und welche nicht. Das daraus folgende Streben ergibt sich dann zwangsläufig, gesetzmäßig. Die neue Kombination hat wie jede Einheit, jedes System, das Bedürfnis, sich zu erhalten. Die Eigenschaften der

Subsysteme (in diesen Beispielen der Atome oder der Zellen) sind andererseits auch der Grund für den Zusammenschluß. Der Zusammenschluß erfolgt nicht rein willkürlich oder zufällig, sondern deshalb, weil die - wohl zufällig, experimentell, spielerisch - gefundene Kombination der Elementensumme als Ganzes eine gewisse Stabilität verleiht. Zwei Wasserstoffatome und ein Sauerstoffatom zusammen haben eine Stabilität, die die einzelnen Elemente (Subsysteme) des Systems Wassermolekül nicht haben. Andererseits ist die Selbsterhaltung ein Streben nach Konstanz. Wie bekannt ist, gelingt diese Konstanz immer nur vorübergehend.
Die Gegenstrebung des Nicht-Ich, die die Grenze von außen definiert, könnte allerdings vielleicht das sein, was später Darwin als den Selektionsdruck beschrieben hat. Dieser grenzt nämlich Systeme höherer Ordnung ein (System Schaf, System Schmetterling usw.).
Die Vorstellung von Druck des lebenden Systems und Gegendruck der Umwelt, die zusammen die Grenze des lebenden Systems bestimmen, ist zwar korrekt, hat aber mit dem ursprünglichen Setzen nichts zu tun. Da wird sich Fichte selbst untreu. Die Druck-Gegendruck-Vorstellung erklärt die Evolution, nicht aber den Ursprung der Identität und die Bedeutung der Grenzsetzung.

1.6.
Zusammenfassung

Wichtig ist mir, festzuhalten, dass der primäre Schöpfungsakt in der Grenzsetzung besteht. Die damit verbundenen Festlegungen (SELBST-FREMD) und Bewertungen (GUT-BÖSE) bestehen primär, sind logische Folgerungen der Grenzziehung des sich konstituierenden Systems, unabhängig davon, ob es sich um ein lebendes System handelt. Sie sind Eigenschaften eines begrenzten Systems schon vor der Entstehung lebender Systeme.
Lebende Systeme handeln als Einheit. Das Handlungsziel besteht in der Selbsterhaltung (Überleben). Hierzu erneuern sich lebende Systeme ständig und vergrößern sich, das heißt, die Elemente, aus denen sie bestehen, vermehren sich. Zum Zweck der Selbsterhaltung und der Vermehrung, dem Überleben in der Zeit und der Vergrößerung im Raum, handeln sich bewegende lebende Systeme aggressiv.

Kapitel 2

Theoretische Voraussetzungen für die Entwicklung lebender Systeme

2.1.
Gleichnis zur Entstehung lebender Systeme

Voraussetzung für die Bildung und die Entwicklung lebender Systeme sind Bausteine, aus denen sie sich zusammensetzen. Diese Bausteine sind Identitäten und nicht-lebende Systeme. Da diese bereits sehr kompliziert aufgebaut sind, möchte ich nun ein Gedankenexperiment machen, in welchem ich diese Elemente lebender Systeme einfach als Bausteine bezeichne. Ich möchte die Entstehung und Entwicklung lebender Systeme gedanklich vereinfachen, um Verhaltensregeln plausibel zu machen. Diese Methode hat unter anderem auch Albert Einstein benutzt. Gleichnisse gibt es mindestens seit Platon, vermutlich länger, jedenfalls nicht erst seit Jesus. Im ersten Kapitel habe ich dargestellt, mit welchen Konsequenzen die Grenzsetzung eines Systems verbunden ist. Die Begrenzung und gleichzeitig die Offenheit dieser Grenze habe ich als Voraussetzung für die Existenz lebender Systeme bezeichnet. Der Ursprung von Identitäten bleibt mir ein Geheimnis.
Mit dem folgenden Gedankenexperiment möchte ich klären, ob es einfache Regeln geben kann, die die Weiterexistenz und die Weiterentwicklung lebender Systeme zur Folge haben können. Kann das reale Leben auf der Erde durch ein einfaches Gedankenexperiment simuliert werden?
Die Welt sei eine Schachtel (also ein begrenztes und geschlossenes System), angefüllt mit Bausteinen, die das Leben benötigt, um zu entstehen und sich fortzupflanzen. Die Schachtel enthalte 12 dieser Bausteine.
Wir vernachlässigen zunächst die Offenheit der realen lebenden Systeme, den Stoffwechsel lebender Systeme, die Tatsache, dass echte lebende Systeme mehrere komplizierte Bausteine zweierlei Art benötigen.
Alles das denken wir uns weg.
Wir machen folgende Regeln:

- Leben bestehe aus 3 Bausteinen. Dies ist die materielle Begrenzung. Wenn diese zusammenfinden, ist ein Leben geboren.
- Leben habe die Eigenschaft, sich zu vermehren.

- Jedes entstandene Leben kann sich bewegen wie es will und muss sich immer 3 neue Bausteine suchen, um ein neues Leben zu bilden. Dies soll die Vermehrung symbolisieren.
- Die Bausteine sollen eine ewige Existenz haben und sich in gleichförmiger Bewegung befinden.

Was wird nun in der Schachtel passieren?

Irgendwann finden durch ihre Bewegung 3 Bausteine zusammen, so dass das erste Leben entstanden ist. Der Regel gehorchend, sucht sich dieses Leben 3 neue Bausteine und pflanzt sich fort, bildet also ein zweites Leben. Diese beiden Leben bilden 2 weitere Leben, so dass es nun 4 sind.

Die 12 Bausteine sind nun verbraucht.

Es existiert eine begrenzte Anzahl von Leben (4), die sich mangels Bausteinen nicht mehr vermehren können, also der Regel nicht mehr gehorchen können.

Das Spiel ist beendet.

Seine Länge hängt von der Größe der Schachtel und der Bewegungsgeschwindigkeit der Bausteine ab. Wir wollen aber kein Spiel, das so schnell beendet ist. Wir wollen möglichst ein Spiel, das unendlich lange dauert.

Um es fortsetzen zu können, müssen wir eine neue Regel einführen, nämlich die der Aggression. Wenn wir erlauben, dass sich die Leben mit dem Ziel angreifen, sich gegenseitig zu zerstören, um an Bausteine heranzukommen, könnte das Spiel eventuell weiter gehen.

Wenn sie nun die Regel befolgen, sich zu vermehren, hätte das einen Kampf gegeneinander zur Folge. Falls wir gemein wären, könnten wir 13 Bausteine hineintun. Dann würde bei 4 Leben ein Kampf um den nächsten, den 13., Baustein erfolgen (Konkurrenz).

Würde ein Leben zerstört werden, stünden wieder 3 Bausteine zur Verfügung, so dass sich der Sieger vermehren könnte.

So ist es zwar im realen Leben, aber noch nicht in unserem Experiment.

In unserem Experiment sind ja alle Bausteine gleich und demzufolge auch alle Leben. Sie haben also alle identische Eigenschaften, sind auch alle gleich stark.

Bei einem Wettkampf der Leben gegeneinander gäbe es demzufolge keinen Sieger.

Das System, bestehend aus der Schachtel, den 12 oder 13 Bausteinen und den Regeln Bewegung, Vermehrung und Angriff, wäre also paralysiert.

Wenn wir im Experiment die Lebensdauer eines Lebens begrenzen würden, wären alle 4 Leben, da sie sich nicht mehr vermehren können, in kurzer Zeit verstorben. Es würde sich wieder neues Leben bilden, sich vermehren. Dann wären wieder keine Bausteine vorhanden, dann würden die Leben wieder sterben usw.. Es gäbe also keine Entwicklung, keinen Fortschritt, lediglich ein Pendeln zwischen Leben und Tod, oder, wenn die Lebenszeit nicht begrenzt wäre, einen Stillstand. Und das trotz der Angriffsregel.

Wir würden aber gern ein Experiment machen, das dauerhaftes Leben simuliert. Deshalb müssen wir das Experiment irgendwie weiter abwandeln, um dies zu erreichen.

Wir ändern nunmehr die Voraussetzung, dass alle 12 oder 13 Teilchen gleich groß sind. Sie sollen sich nunmehr in ihrer Größe unterscheiden. Leben benötige weiterhin 3 Bausteine, egal wie groß. Je größer ein Baustein ist, desto stärker soll er sein.

Was passiert nun?

Wenn wir nun an den Punkt kommen, an dem die Bausteine verbraucht sind, kann ein Kampf entstehen, in dem es Sieger und Verlierer gibt. Da die Bausteine sich nämlich in Größe und Stärke unterscheiden, unterscheiden sich auch die Leben in Größe und Stärke.

Diese Unterschiede haben die Folge, dass sich das größere und stärkere Leben gegen das Schwächere durchsetzt, andere kaputtmacht, um an Bausteine zu kommen.

Dieses einfache Modell simuliert die Entstehung und die dauerhafte Existenz lebender Systeme erstaunlich gut. Es gibt ständig Leben. Zwar werden lebende Systeme auch immer wieder kaputtgemacht, damit sich andere Systeme fortpflanzen können, aber die lebenden Systeme sterben nie mehr aus. Aus dem zeitlich begrenzten Spiel, das in Paralyse endet, ist ein Unendlichspiel geworden.

Voraussetzung dafür ist lediglich ein kleiner Kniff:

nämlich die Unterschiedlichkeit der Ur-Substanzen (Bausteine) zu postulieren. Diese setzen sich dann in Unterschiede der Leben fort, die sie unterschiedlich "stark" machen. Finden sich einmal die drei größten (stärksten) Bausteine zusammen, entsteht das stärkstmögliche Leben, das von anderen nicht mehr kaputtgemacht werden kann.

Bis hierhin könnte das Spiel die Entstehung der Menschheit auf der Erde symbolisieren.

Das bisherige System Schachtel mit unterschiedlichen Bausteinen, mit Lebensvermehrungsregel und Aggressionsregel hat aber noch verschiedene Haken. Einer ist der, dass die von vom stärksten Leben gebildeten neuen Leben von ihm selbst immer wieder kaputtgemacht werden müssten. Das stärkste Leben wäre unbesiegbar und würde ewig existieren.

Das ist langweilig.

Deshalb muss als weitere Regel (an die bereits oben schon einmal gedacht wurde) noch die begrenzte Lebensdauer der Leben eingeführt werden. Auch das stärkste Leben stirbt dann einmal und setzt seine Bausteine (Elemente) wieder frei.
Auch nun erhält sich Leben insgesamt ständig an Leben.
Die einzelnen Leben (Individuen) vermehren sich der Regel folgend und sterben.
Die Unterschiede der Individuen gehen aber wieder verloren, es bilden sich immer neue. Man könnte die Zahl der möglichen Individuen berechnen und auch berechnen, wieviel mögliche Individuen es bei 4, 5, 6 usw., Bausteinen, die für ein individuelles Leben nötig wären, gäbe.
In diesem Spiel ist für die Leben nicht erkennbar, welche Bausteine "besser" und welche "schlechter" sind. Das Leben holt sich 3 Bausteine und bildet ein neues Leben.
Welche Bausteine das neue Leben erhält, bleibt also dem Zufall überlassen.
Wir haben lediglich ein geschlossenes System (die Schachtel, die die Welt symbolisiert) und darin lebende Systeme aus 3 Einheiten (diese 3 Einheiten symbolisieren die Begrenzung der Systeme), die sich fortpflanzen, sich bekämpfen und sterben.
Leben an sich stirbt aber nicht mehr aus.
Wir haben aber noch keine Selektion und daher noch keine Evolution (Weiterentwicklung).
Im ersten Teil (unendliche Lebensdauer) bildet sich zwar durch Zufall ein stärkstes Leben, aber nicht aufgrund einer Evolution. Im zweiten Teil (endliche Lebensdauer) bildet sich immer mal wieder das stärkste Leben, stirbt aber wieder regelentsprechend.

2.2.
Das Gesetz der Individualität

Können wir aus diesem Gedankenexperiment dennoch etwas lernen?
Meines Erachtens ergibt sich, dass zwei Voraussetzungen für die Entstehung der Lebensformen auf der Erde nötig sind.
Lebende Systeme, die sich durch Teilung vermehren, können sich als Existenzform nur ständig erhalten, wenn ihre Bausteine minimale Unterschiede aufweisen, die zwar für ihr Funktionieren unwesentlich sein könnten, die aber für ihre Stärke im Vergleich mit anderen lebenden Systemen wichtig sind.
Wollten wir daraus Schlußfolgerungen für die Realität ziehen, kommen wir zu folgenden Überlegungen.

Das Gedankenexperiment simuliert gewisse Prozesse, die in der Realität vorkommen, sehr gut. Es simuliert nämlich bereits den "Kampf ums Dasein" (Darwin) in gewissen Extremsituationen (Nahrungsmangel).
Sollen lebende Systeme in einem Raum, der eine begrenzte Anzahl von Bausteinen enthält, überleben, müssen sie gegeneinander konkurrieren, sich auch gegenseitig zerstören - um wieder Bausteine freizusetzen - und sie müssen trotz grundsätzlich gleicher Zusammensetzung unterschiedlich stark sein.
Das ist nur denkbar, wenn man voraussetzt, dass ihre Bausteine Unterschiede aufweisen.
In der Realität sind die Bausteine, aus denen sich Leben bildet, ja bereits sehr komplizierte Moleküle, deren Entstehung für sich eine lange Geschichte hat. Sie können in 2 verschiedene Stoffgruppen oder Sorten eingeteilt werden (Aminosäuren und Nucleotide) und es werden mehrere unterschiedliche Bausteine jeder Sorte benötigt.
Dennoch kann man ein Gesetz postulieren: dass sich nämlich die Moleküle (die Identitäten), aus denen tatsächlich Leben entstanden ist und entsteht (man kann es ja im Experiment machen), unterscheiden. Um es deutlich zu sagen: die gleiche Aminosäure hat zwar immer dieselbe Zusammensetzung, besteht aus der gleichen Anzahl und Art von Atomen und deren Anordnung. Dennoch müssen sie Unterschiede haben, die nicht erkennbar sind. Diese Unterschiede sind die Ursache der unterschiedlichen Qualität ("Stärke") der Aminosäure und damit des Lebens.
Setzt man diesen Gedankengang weiter fort, kommt man zu dem Ergebnis, dass die Elementarteilchen, aus denen sich die Atome zusammensetzen, unterschiedlich sein müssen.
Ich postuliere also, dass eine Voraussetzung für Leben ist, dass die Urteilchen, die Elementarteilchen, trotz aller meßbaren Ähnlichkeit geringfügige Unterschiede aufweisen. Diese Unterschiede machen sich im Konkurrenzverhalten als unterschiedliche Eigenschaften bereits auf der Ebene der Elementarteilchen und dann auf atomarer Ebene bemerkbar.
Voraussetzung für dauerhaftes Leben ist also die Ungenauigkeit oder Unterschiedlichkeit.
Ein Quark kann aber nicht ein Quark sein, ein u-Quark kann nicht genau identisch mit einem anderen u-Quark sein, sondern eben nur gleich, sehr ähnlich. Man könnte auch umgekehrt sagen: wenn es am Anfang nur eine Sorte Elementarteilchen, die alle identische Eigenschaften gehabt hätten, gegeben hätte, hätte kein dauerhaftes Leben entstehen können, hätte es keine Evolution geben können. (Eine weitere

Voraussetzung ist eine sogenannte Umwelt, durch deren Existenz sich die Unterschiede in bestimmten Situationen auswirken.)
Es muss also unterschiedliche Elementarteilchen gegeben haben und ich postuliere sogar, dass es seit Beginn nicht 2 genau identische Elementarteilchen gab, dass also jedes Elementarteilchen einen individuellen Charakter hatte und hat, also bereits eine Identität ist. Dies seit dem Zeitpunkt, an dem es sich aus der Ursuppe abgegrenzt hat. Da ich kein Physiker bin, kann ich das nicht beweisen. Ich kann nur sagen, dass es im Großen so ist: jeder Mensch ist ein Individuum im Sinne einer Einmaligkeit. Es gibt nicht 2 identische Menschen, selbst bei eineiigen Zwillingen kann man Unterschiede finden. Dies ist ein Indiz dafür, dass es auch im Kleinen so sein muss, angefangen bei den Quarks. Die Natur arbeitet tatsächlich bei der Entwicklung der Arten nach diesem Muster. Ein Elternpaar hat nie identische Nachkommen, alle Nachkommen unterscheiden sich.
Ohne Unterschiedlichkeiten, ohne kleine Differenzen gäbe es kein Konkurrieren und kein Leben. Und die Differenzen müssen von Anfang an dagewesen sein, sie sind nicht irgendwann entstanden. Genau genommen, das möchte ich einschränkend sagen, bezieht sich diese Aussage auf Materie bzw. Energie. Also auf etwas, was sichtbar und meßbar ist, oder zumindest sichtbar zu machen ist.
Ich möchte dieses Gesetz der Unterschiedlichkeit aber noch anders formulieren. Wenn jedes Teilchen sich vom anderen Teilchen, jede Ur-Zelle sich von ihrer (Tochter)-Ur-Zelle in minimalen Kleinigkeiten unterscheidet, heißt das nichts anderes, als dass jedes Teilchen, jede Zelle, jeder Mensch etwas Einzigartiges ist, ein Individuum ist.
Organismen, die mit der Fähigkeit ausgestattet sind, Gefühle haben zu können, dürfen sich also mit Recht einzigartig fühlen.
Die von Beginn an vorhandene Einzigartigkeit aller existierenden Organismen, einschließlich der Elementarteilchen, ist meines Erachtens der Ursprung der Identität und die Quelle des Narzissmus. Dieser strebt beim Menschen ständig nach Bestätigung und Erhöhung des Selbstwertgefühls.
Das Gesetz der Individualität ist identisch mit dem Gesetz des Narzissmus. Es besteht bereits vor der Entstehung lebender Systeme.
Jedes Teilchen und jedes lebende System hat eine Identität.
Die Identität beginnt mit der Unterschiedlichkeit der Elementarteilchen.
Auch noch eine kleine Ergänzung zu Darwin: die Unterschiede der Individuen einer Tochtergeneration vom gleichen Elternpaar kommen nicht nur durch die Neukombination der Elterngene zustande, sondern auch durch die Individualität der Aminosäuren, Eiweiße und aller Bausteine. Das ist auch der Grund für die

Veränderung des Menschen während seines Lebens. Er regeneriert sich ständig. Aber obwohl die Bausteine, aus denen z.B. die neue Hautzelle besteht die gleichen sind wie die der alten, sind es doch andere. Damit ist die neue Zelle auch anders. Ein Eisenatom ist zwar hinsichtlich seiner Zusammensetzung und hinsichtlich bestimmter Eigenschaften mit allen anderen Eisenatomen gleich, dennoch ist jedes Eisenatom ein Individuum und unterscheidet sich von allen anderen Eisenatomen. Damit erklärt sich auch, warum eineiige Zwillinge Unterschiede aufweisen.
Ich komme damit zum gleichen Ergebnis, zu dem Leibniz bereits 1714 in seiner Monadenlehre gekommen ist. Leibniz sagt, eine Monade sei einfach, habe keine Teile. Da, wo es keine Teile gebe, könne es keine Ausdehnung und keine Gestalt geben. Hier beschreibt er die Elementarteilchen. Trotzdem habe jede eine Monade eine Eigenschaft, eine Qualität, sie sei ein Wesen. Es gebe niemals in der Natur zwei Wesen, die identisch seien.
Dies entspricht genau meinem Ergebnis, dass jedes Elementarteilchen sich von den anderen unterscheidet, also bereits ein Individuum ist. Monaden seien die wahrhaften Atome der Natur, die Elemente der Dinge (Leibniz).
Ich würde sagen: Monaden haben die Fähigkeit, sich zu vereinigen, zu größeren Einheiten zusammenzufinden. Dies ergibt sich aus ihren physikalisch meßbaren Eigenschaften. Wichtig ist aber festzuhalten, dass sie neben ihren meßbaren physikalischen Eigenschaften weitere, nicht meßbare Unterschiede aufweisen, die ihre Einzigartigkeit ausmachen. Die Einzigartigkeiten sind der Grund, warum das Ergebnis der gleichartigen Kombination gleicher Elementarteilchen Unterschiede aufweist.
In einem weiteren Punkt hat Leibniz wohl recht: die Anzahl der Monaden bleibt stets gleich, sie vermindert oder vermehrt sich nicht. Es geht keine Energie verloren oder kommt dazu. Die Kombinationen der Monaden werden in Verlauf der Evolution zwar immer komplexer, aber es werden nicht mehr Monaden (Elementarteilchen).
Zur Entwicklung kann man natürlich auch ohne ein Gedankenexperiment grundsätzlich sagen, dass sich nur zeitlich begrenzte Systeme (also lebende Systeme, die man besser sterbliche Systeme nennen sollte) entwickeln können. Was sich in der Zeit nicht verändert, kann sich nicht entwickeln. Das wäre paradox. Entweder es bleibt stets gleich (wie ein Elementarteilchen oder ein totes System), oder es bleibt nicht gleich, dann könnte man dieses Sich-verändern als Entwicklung bezeichnen.
Anhand unseres Gedankenexperimentes können wir noch eine Aussage zu lebenden Systemen machen, die wohl allgemeingültig ist: Lebende Systeme besitzen die

Fähigkeit, zu konkurrieren. Sie können aggressiv sein. Ihre Aggressivität hat eine Wurzel in der Vermehrungsregel.
Wenn sie sich vermehren müssen, müssen sie aggressiv sein. (Auch wenn ein Individuum überleben will, muss es aggressiv sein – das ist die zweite Wurzel der Aggressivität).
Sie unterscheiden sich also in zweierlei Hinsicht von toten Systemen:

- Sie vermehren sich.
- In Mangelsituationen ("Bausteinmangel") haben sie die Fähigkeit, andere lebende Systeme zu verdrängen (Durchsetzungsfähigkeit). Die Vermehrungsregel, die wir dem System gegeben haben, zieht also als Konsequenz die Durchsetzungsregel nach sich. Ohne diese Aggressivität könnten sie sich nicht immer weiter vermehren.

Die Voraussetzung, dass diese Aggressivität zu einem Erfolg (der Aufrechterhaltung lebender Systeme) führt, ist natürlich auch hier die Unterschiedlichkeit (verschiedene "Stärke") der einzelnen, grundsätzlich gleichen lebenden Systeme.
Tote Systeme ("Bausteine" im Gedankenspiel, Monaden bei Leibniz oder Elementarteilchen bei Physikern) sind bereits unterschiedlich und müssen über zwei Fähigkeiten verfügen: nämlich sich bewegen können und sich zusammenschließen können. Diese Fähigkeiten gehen natürlich nicht verloren, wenn sich lebende Systeme bilden. Lebende Systeme haben diese Fähigkeiten auch und können sie modifizieren (z.B. Bewegung steuern).
Lebende (sterbliche) Systeme und tote Systeme haben auch zumindest eine Gleichheit: sie sind nämlich bei genauer Betrachtung jedes für sich ein Individuum.
Die Entstehung der Individualität, der Identität, des Narzissmus, fällt nicht mit der Entstehung von Leben zusammen, sondern hat seine Wurzeln in der Unterschiedlichkeit der Elementarteilchen.

2.3.
Die Notwendigkeit der Energiegewinnung

Tatsächlich ist Leben ja als einzelliges pflanzliches Leben entstanden. In unserem Gedankenexperiment haben wir uns keine Gedanken um die Bewegung gemacht. Unausgesprochen haben wir angenommen, dass sich die lebenden Identitäten, die sich aus 3 Bausteinen zusammensetzen, bewegen und daher auch gegeneinander kämpfen können. Damit haben wir der Realität weit vorausgegriffen.
Leben hat zwar am Anfang die Fähigkeit, sich zu vermehren, aber noch nicht die Fähigkeit zur Fortbewegung.

Wir müssen also noch mal einen Schritt rückwärts gehen und die Beweglichkeit abziehen. In anderer Hinsicht müssen wir noch etwas hinzufügen. Nämlich die Notwendigkeit einer ständigen Energiegewinnung.
Wir haben so getan, als ob ein lebendes Individuum ohne weiteres ständig weiterexistiert und sich nur vermehren muss. Tatsächlich muss es sich aber auch selbst erhalten. Das Zusammenhalten der 3 Teilchen, die ein Leben ausmachen, kostet Kraft, Energie. Wird nicht ständig Energie zugeführt, stirbt das Leben.
Ein lebendes einzelliges pflanzliches Individuum, eine Alge, benötigt zur Energiegewinnung Kohlendioxid, Wasser und Sonnenlicht (Energie). Als Energieumwandler hat es Chlorophyll entwickelt. Als Energieträger produziert es Zucker. Es fällt auch ein Abfallprodukt ab, nämlich Sauerstoff.
Die Verhältnisse sind also tatsächlich sehr kompliziert.
Was folgt daraus für unser Gedankenexperiment?
Zunächst: lebende Individualität (Identität) benötigt zu ihrer Aufrechterhaltung die Zufuhr von Energie (und muss die Fähigkeit haben, sich Energie nutzbar zu machen). Es muss also zum Beispiel Sonnenenergie in Aufrechterhaltungsenergie für Leben umgewandelt werden.
Leben ist also ein neuer Energieumwandler.
In der physikalischen Welt werden Energiearten ohne Verluste ineinander verwandelt. Nun wird eine weitere Art der Energieumwandlung hinzugefügt. Es entsteht auch eine neue Energieform, nämlich die Lebensenergie.
Energie wird in Wachstum und Bewegung umgewandelt.
Außerdem ist unser Gedankenexperiment einseitig: Konkurrenz entsteht tatsächlich nicht nur um die Bausteine für das lebende System, sondern auch um die Substanzen, die zur Aufrechterhaltung des Lebens notwendig sind. (Auf diese Weise können Umwelteinflüsse steuernd in die Evolution eingreifen).
Genauer gesagt: es tritt Konkurrenz um das Licht ein. Es muss Einzeller geben, die dem Licht näher sind, also oben sind, und welche, die unten sind und wenig Licht abbekommen.
Im Wettbewerb um das Licht bilden sich mehrzellige arbeitsteilig organisierte Pflanzen, die die Fähigkeit haben, dem Licht entgegenzuwachsen.
Schließlich entstehen Bäume.
Grundsätzlich handelt es sich um folgende Arbeitsteilung: die Zellen, die unten sind, kommen gut an Wasser heran (bei auf dem Land lebenden Pflanzen), es mangelt ihnen an Licht; die Einzeller, die oben sind, haben genügend Licht, es fehlt ihnen das Wasser. Was liegt näher, als dass sich beide zusammentun und sich zu einem Organismus mit Wurzeln und Blättern (und Stamm) zu organisieren?

Die Regel, die wir unserem Leben in der Schachtel mitgegeben hatten, sich zu vermehren, muss also um eine weitere Regel ergänzt werden, nämlich: erhalte dich.
Es ist also möglich, Leben mit Hilfe von zwei Regeln zu erklären:
Selbsterhaltungsregel und Vermehrungsregel.
Voraussetzung für das Funktionieren war aber die Unterschiedlichkeit der Individuen, Ihre Individualität.

2.4.
Der sichere Untergang lebender Systeme durch die Notwendigkeit der Energiegewinnung

Wie wir wissen, produzieren Pflanzen als Abfallprodukt ihrer Energiegewinnung Sauerstoff und reduzieren durch die Photosynthese und ihr Wachstum den Kohlenstoffgehalt der Erdatmosphäre. Damit schaffen sie selbst eine Veränderung ihrer Umwelt, die sich mit ihrem Leben nicht verträgt.
Die Pflanzen müssen irgendwann vor dem Problem gestanden haben, entweder am Sauerstoff zu ersticken, oder irgendwie den Sauerstoffgehalt wieder zu reduzieren.
Die Regeln Selbsterhaltung und Vermehrung reichen also nicht, um dauerhaftes Leben zu garantieren. im Gegenteil: sie führen praktisch zum sicheren Tod. Die Selbsterhaltungsregel führt zum Sinken des nötigen Rohstoffes für die Energiegewinnung, die Vermehrungsregel steigert den Bedarf. Beide Regeln potenzieren ihre negativen Auswirkungen.
Das ganze hört sich nebenbei bemerkt sehr modern an.
Vor dem gleichen Problem steht die Menschheit heute.
Wie wurde das Problem seinerzeit von den Pflanzen praktisch gelöst?
Es wurden lebende Systeme (Tiere) erfunden, die das Abfallprodukt der bislang lebenden Systeme zur Energiegewinnung nutzten.
Der Nachteil ist: sie benötigen zusätzlich auch den Wasserstoff, den die Pflanzen im Zucker und Eiweiß gespeichert haben. Das bedeutet: Einerseits verbessern sie die Überlebenschance der Pflanzenwelt durch Reduktion des Sauerstoffes, andererseits schädigen sie die Pflanzenwelt.
Das lebende System Tierwelt frißt die Pflanzen bzw. deren Produkte.
Durch die Dezimierung der Pflanzen und die Einschränkung ihrer Vermehrung (Samen sind die besten Energieträger) reduzieren sie natürlich zusätzlich die Sauerstoffproduktion.

Die neuen lebenden Systeme unterscheiden sich nicht nur in der Art ihrer Energiegewinnung von den alten, sondern in einer neuen Eigenschaft, die allerdings ihren Energiebedarf enorm steigert: sie können sich bewegen.
Bewegliche Einzeller haben Cilien, mit deren Hilfe sie sich im Wasser fortbewegen.
Seltsamerweise geht der Gewinn der Beweglichkeit mit einem Verlust einher, nämlich mit dem Verlust der Fähigkeit, Sonnenenergie umzuwandeln.
Hat das mit der neuen Regel zu tun?
Die Regel führt einerseits zum partiellen Selbstmord, macht die Pflanzen zum Opfer. Sie werden dezimiert und gefressen.
Andererseits sichert sie aber ihr Überleben insgesamt.
Einerseits durch die Beseitigung ihres Abfalls (Sauerstoff), andererseits dadurch, dass die neuen lebenden Systeme ja nicht alle Pflanzen fressen dürfen, sonst müssten sie verhungern. Die dauerhafte Existenz der neugeschaffenen Systeme ist also vom Fortbestehen der bisherigen abhängig. (Im Vorgriff auf das letzte Kapitel sei bereits gesagt: gesichert wird der Fortbestand der Genpopulation und deren Repräsentanten, geopfert werden die Individuen.)
Die komplizierte Regel würde also lauten: schaffe ein System, das deinen Abfall beseitigt und dessen Existenz von dir abhängig ist.
Das Selbst-Opfer, das mit der neuen Regel verbunden ist, ist eigentlich schon in unserem Denkmodell enthalten. Als implizite Regel oder Folge der Vermehrungsregel war ja schon da der Tod Voraussetzung für den dauerhaften Fortbestand der lebenden Systeme (höherer Ordnung).
Wir hatten hierbei allerdings die Selbsterhaltungsregel mit der Notwendigkeit der Energiegewinnung weggedacht.
Wir hatten Pflanzen und Tiere in unserem Denkmodell zu einem lebenden System verdichtet.
Praktisch geht es eben nicht nur um die Bausteine (Eiweiße usw.), sondern auch um den Kitt, die Klebesubstanz, die Energie, die die Bausteine zusammenhält.
Die Bausteine, die Materie, wird durch den Tod eines Teils der lebenden Systeme zurückgewonnen.
Die Energie fließt jedoch nicht zurück. Die Energieproduktion ist sogar limitierend für die Existenz lebender Systeme. Der Ausweg besteht darin, ein weiteres System zuzulassen und sich selbst teilweise zu opfern.
Man könnte es als Opferregel, Selbstbeschränkungsregel oder Selbstbegrenzungsregel bezeichnen. Diese Begriffe beschreiben aber nicht, dass etwas neues,

anderes zugelassen werden muss. Dass das bisherige System in den Hintergrund tritt.
Dieses wäre eine enorme narzisstische Kränkung.
Es muss etwas ertragen werden. Nicht nur der Schmerz, dezimiert zu werden, sondern auch der seelische Schmerz, nicht mehr die führende Rolle zu spielen; der Schmerz, seine Position verloren zu haben.
Zur Rolle des Schmerzes, der ja erst von Tieren, die mit einem Nervensystem ausgestattet sind, erlebt werden kann, noch ein kleiner Einschub.

2.5.
Zwei Regeln zur Entstehung des Auges

Zwischendurch möchte ich kurz die Regeln erklären, nach denen sich bei sich bewegenden lebenden Systemen (Tieren) das Auge entwickelt.
Das Auge hat zumindest zwei Wurzeln.
Eine ist die Bewegung.
Diese macht Organe erforderlich, die es dem sich bewegenden lebenden System ermöglichen, sich zu orientieren. Ein Baum benötigt deshalb kein Auge.
Das sich bewegende lebende System (das Tier) sucht seine Nahrung auf. Es muss sie aufsuchen, zu diesem Zweck hat es ja Fortbewegungsorgane (Beine, Flügel) entwickelt.
Da es sich fortbewegt, begibt es sich in die Gefahr, irgendwo gegen zu stoßen (Steine, Bäume). Um Hindernisse zu erkennen und zu umgehen hat es das Auge und andere Organe entwickelt.
Es könnte natürlich einfach losrennen und sich Beulen holen. Das würde Schmerzen bereiten.
Die Schmerzvermeidung ist eine also weitere Wurzel der Augenerfindung.
Die beiden Regeln, die zur Erfindung des Auges erforderlich waren, sind also Selbsterhaltung (als Bewegungsdrang) und Schmerzvermeidung.
So ist es auch mit anderen Sinnesorganen.
Bis zu den Pflanzen reichten als Erklärung zwei Regeln: Selbsterhaltung und Vermehrung.
Jetzt kommt scheinbar eine weitere hinzu: Schmerzvermeidung.
Schmerzvermeidung hat aber natürlich nicht nur den Sinn, Beulen zu vermeiden, sondern den Sinn, das Leben zu erhalten. Die schmerzauslösenden Ereignisse könnten ja auch lebensgefährlich sein.

Deshalb ist die Schmerzvermeidungsregel lediglich eine Spezifizierung der Selbsterhaltungsregel.
Schmerzempfindung ist für Pflanzen ein sinnloses Phänomen, weil sie dem drohenden Schmerz nicht ausweichen können.
Ich versuche lediglich, Regeln zu finden, keine Kausalität.
Die Kausalität könnte andersherum sein:
möglicherweise hatten Pflanzen bereits Sinnesorgane, die das Erkennen einer drohenden Gefahr signalisierten.
Vielleicht haben sie so die Katastrophe der drohenden Erstickung am Sauerstoff erkannt.
Tiere, die sie fressen wollten, gab es ja noch nicht.
Vielleicht haben die ersten tierischen Lebewesen zunächst einmal Gefahren registriert und deshalb Fortbewegungsorgane entwickelt.
Die Kausalität könnte also sein: erst der Wunsch, wegzurennen, dann die Entwicklung der Beine.
Auf jeden Fall reicht die Regel: Selbsterhaltung.
Schmerzvermeidung hat ihren Sinn in der Selbsterhaltung. Eine Schmerzvermeidungsregel wäre lediglich eine untergeordnete Regel, ein Teil der Selbsterhaltungsregel.

2.6.
Die Opfer-Regel (Masochismusregel)

Schmerzvermeidung hat also seinen Sinn darin, Situationen, die zum Tod des lebenden Systems führen können, zu erkennen und zu meiden. Schmerzvermeidung ist ein Prinzip der Selbst-Erhaltung.
In dieser Situation des Sauerstoffanstiegs konkurrieren jedoch "Schmerz"vermeidung und Selbsterhaltung. Zum Zwecke der Selbsterhaltung der Systemwelt Pflanzen muss Schmerz ertragen werden, in Kauf genommen werden. Für eine totale Änderung der Energiegewinnung ist die Pflanzenwelt wohl bereits zu differenziert.
Vielleicht wäre der Begriff Masochismusregel am besten. Das, was die Tierwelt, besonders der Mensch, veranstaltet, ist ja auch das Gegenteil, nämlich Sadismus.
Mit dem Auftreten der Tierwelt beginnt ja das aggressive Verhalten in Form tätlicher Aggression.
Pflanzen können sich nicht bewegen, sie verhalten sich also passiv.
Erst Tiere haben die Fähigkeit, sich zu bewegen.

Insbesondere der Mensch verwendet diese Fähigkeit auch dazu, sich in Sinne körperlicher Aggression durchzusetzen. Wenn es um Selbsterhaltung und Selbstentfaltung geht, hat er es zu einer Meisterschaft darin gebracht, tätlich aggressiv vorzugehen. Aggressives Verhalten in der Form, konkurrierendes Leben zu verdrängen, gab es schon im Pflanzenreich. Und dieses passiv-aggressive Verhalten gehört natürlich ebenfalls zum tierischen und menschlichen Verhaltensrepertoire.

Ich meine, dass das von der Überlebensnotwendigkeit und den Fähigkeiten der Pflanzenwelt geprägte masochistische Verhalten primär war und das tätlich-aggressive Verhalten der Tierwelt und des Menschen entwicklungsgeschichtlich sekundär. Es tritt aber mit besonderer Intensität deshalb auf, weil es eine Verhaltensmöglichkeit ist, der sich die Selbsterhaltungsregel und die Vermehrungsregel bedient. Es nutzt, wenn man es so ausdrücken möchte, der Einhaltung und Umsetzung der Selbsterhaltungsregel und der Vermehrungsregel. Aggressivität ist zwar später aufgetreten, ist aber grundsätzlich nichts Neues. Es ist lediglich eine neue Methode, keine neue Regel, während die "Masochismusregel" eine neue Regel darstellt.

Vielleicht war aber die Aggressivitätsmethode auch schon bei der Entstehung der ersten lebenden Systeme, der Pflanzen, beteiligt. Pflanzen sollen ja erste Vorstufen des Lebens als Mitochondrien in sich aufgenommen - also "gefressen" - haben.

Obwohl der Begriff "Masochismus" das Verhalten der Pflanzen den Tieren gegenüber gut beschreibt, würde ich dieses Verhalten aber lieber als Opfer-Regel bezeichnen. Es sollte aber dabei klar sein, dass die Pflanzenwelt sich hier nicht in ihrer Gesamtheit opfert, sondern nur ein Opfer erbringt, um sich insgesamt zu erhalten. (Geopfert werden nur Individuen). Insofern ist diese Opfer-Regel ebenfalls (wie die Schmerzvermeidungsregel) eine Unterregel der Selbsterhaltungsregel.

Der Begriff "Opfer-Regel" erinnert auch an die Opferrituale, die allen menschlichen Kulturen immanent sind. Diese haben stets den Sinn, die "Götter" gnädig zu stimmen, und den Fortbestand der Gesellschaft (des Systems “Staat”) zu sichern. Es handelt sich also unter diesem Gesichtspunkt um eine Verhaltensmöglichkeit, die nicht nur dem Pflanzenreich unterstellt werden kann, sondern sogar auch im menschlichen Verhaltensrepertoire wiederzufinden ist. Auch hier wird sie nur in Ausnahmesituationen angewandt, nämlich wenn der Fortbestand der Gesellschaft bedroht ist.

Ein derartiges Opfer ist auch bei jeder Kriegführung einkalkuliert. Ein derartiges, genetisch verankertes Verhalten des Individuums im Dienst der Gesellschaft würde

auch erklären, warum der einzelne Soldat in Kriegszeiten unverständlich leicht davon zu überzeugen ist, sein Leben für das "Vaterland" oder eine religiöse Idee zu opfern.
Wir können bereits an dieser Stelle zwei grundsätzlich verschiedene lebende Systeme unterscheiden, nämlich das System Art und das System Individuum. Das System Art ist auf dauerhaftes Leben angelegt. Die Art, die Chromosomen, die Gene, das Volk, der Staat u.a. Bildungen der Gene wollen nicht sterben. Sie tun alles, um dauerhaft zu leben, sie im Sinne des Wortes lebende Systeme. Sie bedienen sich dazu der Individuen, die die Gene verbreiten. Um zu überleben, opfert das System Volk auch massenhaft seine Individuen. Insofern ist wendet das System Genpopulation zu seinem Überleben die Masochismusregel an. Individuen sind (als materielle Wesen) unfähig zu dauerhaftem Leben. Sie sind im Gegensatz zu Staaten und anderen Gengebilden keine lebenden Systeme, sondern sterbliche Systeme.
In der christlichen Religion ist dieses Opfer-Verhalten sogar dem Gott unterstellt worden. Gott opfert seinen Sohn mit dem Ziel, die Menschheit von ihren Sünden zu befreien. Auch dies scheint mir ein Hinweis darauf zu sein, dass es sich um eine genetisch verankerte, nicht erst im Tierreich entstandene, Verhaltensweise handelt.
Diese Opfer-Regel geht meines Erachtens zurück auf den Übergang vom reinen Pflanzenreich auf Erden zur Symbiose von Pflanzen- und Tierreich.

2.7.
Die ersten drei Evolutionsregeln

Mit Hilfe von zwei Regeln kann man sich zunächst die Evolution bis zur Entstehung der Tiere erklären.
Diese Regeln sind:

- die Identitätsregel (Regel der kleinen Unterschiedlichkeiten),
- Vermehrungsregel und
- die Selbsterhaltungsregel
- (mit den sich widersprechenden Unterregeln Schmerzvermeidung und Erbringung eines Selbst-Opfers.

Die Opfer-Regel wäre eine erste Modifikation der Selbsterhaltungsregel, die Schmerzvermeidungsregel eine weitere, im Tierreich entstandene.
Soweit besteht kein Widerspruch zwischen der Evolutionstheorie und meinen Überlegungen. Die Selbsterhaltungsregel ist nur eine Betrachtung der Selektion aus der Sicht des Systems. Das System will überleben und paßt sich deshalb

veränderten Umweltbedingungen an, nimmt Tarnfarben an oder entwickelt Organe zum Wegrennen (Beine, Grabeschaufeln, Flügel und anderes). Der Überlebenswille bzw. das Selbsterhaltungsprogramm befindet sich natürlich in den Genen, das Individuum drumherum ist lediglich Mittel zum Zweck.
Die Unterschiedlichkeit der grundsätzlich gleich aufgebauten Individuen ist im übrigen nicht nur für die dauerhafte Erhaltung des Lebens an sich Voraussetzung, sondern auch für die Evolution, also für die Fortentwicklung der Arten.
Die Menschheit beherrscht die Selbsterhaltungsregel und die Vermehrungsregel sehr gut. Die Entwicklung wird aber wohl entweder mit dem Tod der Menschheit weitergehen (womit die Pflanzen- und die Tierwelt vielleicht vorübergehend gerettet werden wird) oder das System Menschheit wird sich "freiwillig" der Opfer-Regel unterwerfen müssen.
Tröstlich könnte sein, dass ein wesentliches Problem, das aus den Regeln der Evolution resultiert, nämlich die "Umweltverschmutzung", bereits erkannt ist.
Dieses resultiert wohl aus der menschlichen Tendenz zur Vergrößerung. Die Vermehrungsregel ist irgendwann zu einer Vergrößerungsregel geworden, zu der Regel Selbstentfaltung.
Diese Vergrößerungsregel hat beim lebenden System Mensch die Auswirkung, dass nicht nur sein lebender Körper, sondern auch sein totes "Eigentum" (bewegliche Sachen und Immobilien) zum Selbst gerechnet wird und der Vergrößerungsregel unterliegt. Die enorme Abfallproduktion des Menschen resultiert aus dieser Verknüpfung von totem "Eigentum" mit dem Selbst, oder dem Selbst-System (siehe Kapitel 4).

2.8.
Die Vereinigungsregel

Leben besteht tatsächlich aus 2 Teilen: Chromosom und sonstige Zelle (Eiweiß u.a. Substanzen). Darwin wußte nun noch nichts von den Genen.
Die Evolutionstheorie besagt: vererbbare Veränderung betrifft nur das Chromosom. Das Chromosom ist der Bauplan. Entsprechend des neuen Bauplans wird die Zelle anders zusammengebaut oder funktioniert anders (neues Aussehen, andere Eigenschaften).
Ich meine, das kann nicht die Evolution erklären.
Diese Theorie kann nur erklären, dass sich das äußere oder auch Eigenschaften eines Einzellers ändern.

Der Einzeller kann dünn und dick werden, er kann meinetwegen Beine bekommen (Cilien), er soll von mir aus auch einen Kopf, ein Gehirn und sonstwas bekommen. Er soll auch seine Größe auf Dinosauriergröße mutieren (verändern) können.
Aber eines kann er niemals: ein Zweizeller werden, geschweige denn, ein Mehrzeller.
Angenommen, zwei Einzeller schließen sich zu einem Zweizeller zusammen. Das könnte man sich irgendwie erklären. Zwar nicht sicher, wie sie es machen, aber in etwa warum sie es machen. Das Wie könnte etwas mit einer verhinderten Teilung oder mit einem äußeren Druck zu tun haben. Nur: die Information, dass sie zusammen ein Zweizeller sind, kann ja nicht in die Chromosome transportiert werden. Also endet mit dem Tod des ersten Zweizellers die Existenz von Zweizellern überhaupt. Denn der so entstandene Zweizeller kann sich nicht als Zweizeller vermehren.
Mit anderen Worten: die Evolutionstheorie kann zwar die Veränderung von Lebewesen erklären, ihre Fortentwicklung auch. Auch die Anpassung von Lebewesen an Veränderungen des äußeren Milieus. Sie ist aber nicht in der Lage, den Übergang vom Einzeller zum Zweizeller zu erklären.
Meine Theorie erklärt die Bildung von Staaten und des menschlichen Individuums (Vergrößerung des Selbstwertgefühls, der Identität - siehe unten). Aber wie man diese Theorie auf die Ebene von Einzellern und Mehrzellern übertragen kann, ist mir selbst noch nicht klar. Auf der Ebene Mensch/menschliche Gesellschaft regeln die vom Menschen geschaffenen Gesetze die Regeln des Zusammenlebens. Diese übernehmen sozusagen die Funktion der Gene. Auf der Ebene Einzeller/Mehrzeller muss es irgendeinen Mechanismus geben, der die Regeln über das Zusammenleben des Mehrzellers in die Gene der einzelnen Zellen hineintransportiert.
Ich postuliere für das Zusammenschließen eine Vereinigungsregel, einen Vereinigungsdrang, der Teil des allgemeinen Wunsches nach Vergrößerung ist. Diese beschreibt lediglich die Vergrößerungstendenz. Eine Vereinigung von mehreren Individuen bisheriger Art führt natürlich zu eine Verringerung der Zahl der Individuen, so dass man sie auch als Verkleinerungsregel bezeichnen könnte. Verkleinerung der Anzahl der Individuen wäre verbunden mit der Schaffung eines vergrößerten komplexeren neuen Individuums.
Die Voraussetzungen "schaffen" das Leben. Wenn bestimmte Voraussetzungen vorhanden sind, können sich Fähigkeiten, die in der Materie stecken, entfalten, z.B. die Fähigkeit, sich in bestimmten Strukturen zu vermehren (z.B. Kristallbildung). So könnte es auch mit Zellen sein. Dass nämlich verschiedene Zellen mit jeweils einem Chromosom in einer bestimmten Struktur angeordnet (Mehrzeller) nicht nur

eine neue Stärke oder Fähigkeit besitzen, sondern auch die Fähigkeit haben, eine Kopie von sich zu bilden. Das würde voraussetzen, dass in den Chromosomen mehrerer Einzeller bereits vor der Bildung von Mehrzellern Informationen über die Bildung von Mehrzellern (also von etwas, was es noch nicht gibt) vorhanden sind. Da ich kein Biologe bin, kann ich das auf biologischer Ebene nicht überprüfen. Da ich Mensch bin, habe ich die Möglichkeit, ein ähnliches Problem einige Stufen höher, nämlich bei der Bildung des Menschen aus dem Affen, mit Hilfe meiner Informationen zu lösen.
Das Ergebnis ist den folgenden drei Kapiteln zu entnehmen.

2.9.
Gedankenexperiment zu den Entwicklungsregeln lebender Systeme

Vorher möchte ich ein zweites Gedankenexperiment machen.
Nehmen wir einmal an, es lebt ein Mensch, der unendlich lange leben kann, in einer abgeschlossenen Schachtel. (Wir schalten also einmal experimentell die Überlebensregel aus.)
Der Mensch versinnbildliche lediglich die höchste Entwicklungsstufe eines lebenden Systems mit seinen Handlungsmöglichkeiten.
Nehmen wir an, in der Box steht alles zur Verfügung, was er zum Leben braucht und alle erdenklichen Bequemlichkeiten.
Die Wand der Schachtel bestehe aus einem Material, das einen Austausch zwischen innen und außen zwar praktisch völlig verhindert, aber nicht völlig gegen Versuche des in ihm lebenden Menschen gesichert ist, es zu durchdringen. (Es soll sich um eine nicht völlig undurchlässige Grenze handeln.)
Um die Schachtel herum sei ein absolut lebensfeindliches Medium, zum Beispiel große Hitze, die das Leben in der Schachtel sehr schnell zerstören würde. Die Grenze ist in der Lage, den Eintritt dieses Mediums in die Box zu verhindern.
Die Wand der Schachtel symbolisiert die (offene) Grenze des lebenden Systems.
Wir sollen einfach nur die Frage beantworten, was das in dieser Schachtel lebende System (der "Mensch") tun wird. Wird er sich mit dem Leben in der Schachtel abfinden? Was wird er unternehmen?
Indem wir diese Frage beantworten, finden wir alle Handlungsmöglichkeiten, die uns selbst zur Verfügung stehen. Grundsätzlich können uns wohl kaum solche Handlungsmöglichkeiten einfallen, die wir nicht haben.

Also:
Der Mensch in der Schachtel würde es sich gemütlich machen, er würde es sich bequem einrichten. Aber wäre er damit zufrieden? Natürlich nicht. Ihm würde irgendwann langweilig werden.
Er würde sich für die Frage interessieren, was hinter der Wand der Schachtel ist.
Über kurz oder lang würde er seine Energie dafür einsetzen, die Wand kaputtzumachen, sozusagen ihre Zerstörungsmöglichkeit zu realisieren. Er würde den Drang entwickeln, hinaus zu wollen. Alle Möglichkeiten, die ihm zur Verfügung stehen, würde er ausnutzen, um zu versuchen, ein Loch in die Wand zu kriegen.
Wir haben bereits das erste Handlungsgesetz gefunden: nämlich den Freiheitsdrang, den Wissensdrang, und die Experimentierlust als Ausdruck dieses Drangs.
Ich möchte noch einmal darauf hinweisen: dieser Drang besteht offensichtlich, obwohl die Existenz des Lebens gesichert ist. Dieser Drang ist zwar in unserem Gedankenexperiment an die Voraussetzung gebunden, dass Leben vorhanden ist, aber dieser Drang ist dem Leben immanent, scheint überhaupt der Sinn des Lebens zu sein, wenn man von der in der Realität vorhandenen Notwendigkeit, das Überleben zu sichern, abstrahiert. Es handelt sich um einen Drang, der nach Veränderung strebt, nach Erfahrung.
Was könnte unser "Mensch" in der Schachtel erreichen?
Es könnte passieren, dass er an irgendeiner Stelle die Wand kaputt kriegt. In diesem Moment, würde das lebensfeindliche Medium in die Schachtel eindringen (in unserem Beispiel die Hitze) und sein Leben gefährden. Er würde das Loch also so schnell wie möglich stopfen. Wir haben hier die zweite Voraussetzung für Leben in der Realität, nämlich den Drang, das Leben zu erhalten. Wäre dieser nicht vorhanden, wäre das Gedankenexperiment jetzt schon beendet.
Mit der Rettung seines Lebens durch Verstopfen des Loches würde sich der "Mensch" aber nicht zufrieden geben.
Er würde auch an anderen Stellen Löcher machen, um zu erfahren, ob da das gleiche passiert. Er würde sich Gedanken darüber machen, was hinter der eindringenden Hitze ist. Vielleicht bestände eine Möglichkeit, schnell durch die Hitze hindurchzuschlüpfen, dahinter wäre eventuell ein anderes, lebensverträgliches Medium, oder andere Schachteln. Vielleicht ginge es auch, Apparate zu bauen, die die Hitze durchdringen könnten und die Forschungen anstellen könnten? Am besten wäre es, sich eine kleine bewegliche Schachtel zu bauen, mit der man reisen könnte und nach anderen Schachteln suchen könnte? Ist die Hitze ständig und überall da oder hat sie Löcher?

Folge wäre, dass der "Mensch" Beobachtungslöcher in seine Schachtel einbauen würde, Sensoren an die Außenwand der Schachtel anbauen würde und überlegen würde, wie er Reiseschachteln bauen kann.
Wir haben also das gesamte Raumfahrtprogramm in Kleinformat vor uns und könnten das gesamte Forschungsprogramm der Menschheit aufdröseln.

2.10.
Freiheitsdrang und Forscherdrang

Unser "Mensch" in der Schachtel symbolisiert die Menschheit oder auch einen Einzeller. Was können wir noch aus dem Experiment lernen?
Wir erfahren zum Beispiel, dass der Wunsch des Gefangenen in Haft, rauszukommen, und der Forscherdrang des Wissenschaftlers den gleichen Ursprung haben. Kein Mensch gibt sich mit dem zufrieden, was er hat. Dies ist ein Naturgesetz, eine Handlungsregel für lebende Systeme. Ich behaupte, dass diese Handlungsregel als einzige Handlungsregel neben dem Überlebenswillen, dem Wunsch, dauerhaft zu leben, die einzige notwendige Regel ist, um das Verhalten lebender Systeme zu erklären.
Alle Handlungen des lebenden Systems Mensch und des lebenden Systems Menschheit sind damit erklärlich - natürlich auch die Verhaltensweise aller anderen Systeme. Davon handeln die anderen Kapitel.
Die beiden notwendigen Antriebe nenne ich im folgenden die Selbsterhaltungsregel (Überlebensregel) und die Selbstentfaltungsregel. Unter Selbstentfaltung verstehe ich also den hier geschilderten Drang, das Unbekannte, lebensfeindliche kennenzulernen, zu erforschen, Grenzen zu überwinden.

2.11.
Der Begriff "Grenze"

Ich möchte aber noch einmal zurückkommen auf die im ersten Kapitel genannte Voraussetzung für ein System: die Grenze.
Grenzbildung beginnt mit dem Zusammenschluß mehrerer Ursprungselemente (Bausteine) zu einem System. Bereits tote Systeme (z.B. Atome) haben eine Grenze. Indem sich mehrere Systeme zu einem neuen System höherer Ordnung zusammenfinden, definieren sie eine neue gemeinsame Grenze. Aufgrund dieser Grenze entsteht auch ein Drang, die Grenze zu überwinden.
Die Grenze muss nicht mechanisch fest sein. Die Erdatmosphäre ist ein Beispiel für eine Grenze, die gasförmig ist. Die Grenze muss sogar durchlässig sein, sonst wäre

ein Stoffwechsel gar nicht möglich. Die Grenze kann auch geistiger Art sein, möglicherweise sogar nicht lokalisierbar, also bestehend aus Energie.
Grundsätzlich ist aber eine Erkenntnis festzuhalten:
wäre die Grenze tatsächlich absolut undurchdringbar, so würde unser Gedankenexperiment zusammenbrechen. Der "Mensch" in unserer Box würde verzweifeln, er würde zu dem Schluß kommen, dass sein Leben sinnlos ist. Er würde sich am Ende umbringen, es sei denn, es besteht irgendeine Hoffnung darauf, die Grenze irgendeinmal einmal überwinden zu können.
Jede Grenze, das möchte ich von vornherein festhalten, muss also die Eigenschaft haben, durchlässig zu sein. Eine undurchlässige Grenze hat den Tod des Systems, das sie umgrenzt, zur Folge. Und dies nicht nur aus Gründen des Stoffwechsels. Beispiel für eine Grenze, die diese Eigenschaft nicht erfüllt hat, ist die Berliner Mauer. Deshalb hatte sie auch keinen Bestand.
"Leben" hat also nicht nur die Voraussetzung, dass die zu seiner Aufrechterhaltung erforderlichen materiellen Umweltbedingungen erfüllt sind, wie Nahrung usw.. Diese Voraussetzungen körperlicher Art sind nur eine Seite. Voraussetzung für Leben ist eine Begrenzung und die Möglichkeit oder zumindest die Hoffnung, die Aussicht, die Grenze des lebenden Systems (die Grenze des "Selbst") überwinden zu können. So ist es jedenfalls beim lebenden System Mensch.
Ein offene Grenze ist also Voraussetzung für die Existenz eines lebenden Systems. Dies hat bereits Fichte erkannt ("Wissenschaftslehre"). Aber auch ein Wunsch, ein Verlangen, ein Impuls, also etwas Immaterielles ist Voraussetzung für das Weiterleben des Systems: nämlich der Wunsch, hinter die Grenze zu können.
Selbsterhaltung und Selbstentfaltung nenne ich die beiden Handlungsregeln, die zur Erklärung des Verhaltens des lebenden Systems Mensch erforderlich und notwendig sind. Diese Regeln sind, da sie Regeln sind, etwas Immaterielles, wenn man so will, etwas Geistiges. Sie haben eine materielle Grundlage. Sie sind in lebenden Systemen genetisch verankert.
Indem sich zwei oder mehr Elementarteilchen zu einem neuen System höherer Ordnung zusammenfinden, setzen sie natürlich eine Grenze zu ihrer Umwelt. Darauf wurde weiter oben (Kap. 1.2.) näher eingegangen. In den beiden Gedankenexperimenten verwende ich, das sei zur Klärung gesagt, zwei unterschiedliche Begriffe von Grenze. Die Grenze im ersten Gedankenexperiment (Schachtel mit Bausteinen) war die Grenze eines tatsächlich geschlossenen Systems. In der Realität gibt es nur eine derartige Grenze, das ist die Grenze der Welt. Die Welt, in der wir leben, ist insgesamt das einzige geschlossene System. Alle anderen in dieser Welt identifizierbaren Systeme sind offene Systeme, da sie durchlässige Grenzen

haben. Von einer derartigen Grenze ist in diesem - dem zweiten - Gedankenexperiment, die Rede.

2.12.
Der Begriff "Selbstentfaltung"

Die von Freud postulierte "Libido" ist deshalb beim System Mensch ein so starker Antrieb, weil in ihr beide Wünsche verbunden sind, nämlich der Wunsch nach Selbsterhaltung (und zwar auf der Ebene der Gene, tatsächlich bietet der Geschlechtsverkehr einem einfachen Chromomensatz die Möglichkeit des Überlebens), und der Wunsch, die Grenzen des eigenen Selbst zu überwinden, zu forschen, etwas neues kennenzulernen, in das Unbekannte um uns herum bzw. hier, in ein anderes System gleicher Ordnung, einzudringen. Den Partner, den Fremden besser kennenzulernen, ist eine ebenso starke Motivation für den Sexualtrieb, wie der Selbsterhaltungswunsch der Gene. Dieser Wunsch wird mit dem Begriff "Selbstentfaltung" unzureichend und mißverständlich benannt, deshalb diese Klärung.

Besser wäre vielleicht der Begriff Selbstüberwindung. Die Befriedigung dieses Wunsches verschafft im übrigen auch narzisstische Lust, nicht nur sexuelle Lust.

Auch das, was ich oben als "Vereinigungsregel" bezeichnet habe, setzt sich aus beiden Grundimpulsen zusammen. Aus dem Impuls der Selbsterhaltung insofern, als die Bildung neuer Systeme höherer Ordnung die Überlebenschancen vergrößert. Aus dem Impuls der "Selbstentfaltung" insofern, als eben die Grenzen des Selbst überwunden werden und der Forscherdrang befriedigt wird, der Drang, hinter die Grenze zu kommen, die Grenze des eigenen Systems zu überwinden. Der Wunsch, etwas neues kennenzulernen, also das, was u.a. auch hinter dem Sexualtrieb steht.

"Selbstentfaltung" ist dafür nicht das treffende Wort. An diese Unzulänglichkeit des Begriffs sollte stets gedacht werden, wenn ich "Selbstentfaltung" gebrauche. Es handelt sich bei dieser "Selbstentfaltung" nicht nur um die Vergrößerung des Selbst wie es ist (das ist auch ein Gesichtspunkt, der Gesichtspunkt der Vermehrung des Gleichen), sondern darum, das Selbst durch Assimilierung von etwas Fremden, das das Selbst umgibt, zu vergrößern bzw. zu bereichern. Also nicht Vergrößerung durch Aufblühen, sondern dadurch, dass in die bestehende Begrenzung neues, bisher fremdes, integriert wird. Dadurch verändert sich dieses Selbst "selbstverständlich". Subjektiv, im eigenen Erleben bewahrt es die Identität und verschafft narzisstische Befriedigung. Durch Einverleibung von Fremden erweitert es jedoch seine Grenze und vermehrt sein Inneres. Man sollte also eher Grenzerweiterung,

Selbstverbesserung oder Selbstverwirklichung denken, wenn man hier Selbstentfaltung liest. Es betritt als Selbst eine höhere Stufe. "Selbst"entfaltung ist ein paradoxer Begriff, weil mit der Verwirklichung der Selbstentfaltung stets eine Veränderung des Selbst verbunden ist. Selbstentfaltung hat auch stets noch eine weitere Implikation, nämlich die Veränderung der Umwelt.
Auch die andere Seite des Selbst sei hier erwähnt, das Nicht-Selbst (oder Nicht-Ich bei Fichte):
Die Selbstentfaltung beinhaltet auch eine Veränderung des Nicht-Selbst. Das Selbst, das Teile der Umwelt integriert, verändert damit auch die Umwelt, das Nicht-Selbst. Selbstentfaltung ist demnach auch immer Veränderung der Umwelt.

2.13.
Die Selektion

Es wurde bereits häufig der Begriff der Evolution, also der Fortentwicklung, benutzt.
Für Fortentwicklung ist natürlich Voraussetzung, dass die bisherige Information über Aufbau und Funktionsweisen (Handlungen) eines Organismus gespeichert werden (Gene, Chromosomen). Darüber brauche ich nicht weiter zu sprechen. Die Evolutionstheorie erklärt Fortentwicklung damit, dass die Umwelt aus der Menge der Nachkommen eines lebenden Systems diejenigen selektioniert, die sich besser an bestimmte Umweltbedingungen angepaßt haben. Ich habe bereits darauf hingewiesen, dass dies nicht erklärt, wie ein Einzeller zum Zweizeller wird. Selektion erklärt lediglich Anpassung, aber nicht Veränderung.
Deshalb führe ich den Begriff der Selbstentfaltung ein.
Anpassung ist eine Notwendigkeit unter dem Gesichtspunkt des Überlebens und der Kommunikation. Wer überleben will und Bestätigung will, muss sich anpassen. Das gibt aber noch keinen Fortschritt.
Selbstentfaltung beinhaltet, wie oben ausgeführt, eine Veränderung der Umwelt. Dies ist ein aktiver Vorgang.
Es ent-wickelt sich eine neue Möglichkeit, experimentell, spielerisch. Diese Schöpfung ist etwas mysteriöses, auf das ich später noch eingehen möchte.

2.14
Die Umwelt

Schließlich soll auch noch auf den Begriff der Umwelt hingewiesen werden.
Für das Elementarteilchen existiert objektiv natürlich auch schon eine Umwelt, die aus den anderen Elementarteilchen besteht.
Das Problem der Anpassung an die Umwelt und damit die Selektion entsteht aber wohl erst mit dem Beginn der Bildung einer neuen gemeinsamen Grenze.
In dem Augenblick, in dem die erste neue gemeinsame Grenze definiert wird, wird eine Umwelt geschaffen, Fichte würde sagen, gesetzt.
Für das Elementarteilchen ist die Ursuppe die Umwelt. Die Umwelt ist aber stets vorher da. Aus ihr hat sich die Identität abgegrenzt. Das System hat sich aus den vorhandenen Bausteinen abgegrenzt. Deshalb ist die Umwelt ursprünglich nicht etwas Fremdes. Die Identität und die Systeme bestehen ja aus der Materie der vorherigen Umwelt, sind durch eine Umorganisierung der vorhandenen materiellen Bausteine entstanden. Umwelt wird also erst durch die Systembildung als etwas Fremdes definiert. Umwelt ist als Begriff also etwas Immaterielles, durch eine Definition neu entstanden (konstruiert), aber als Materie etwas bereits Bekanntes.

Kapitel 3

Das System Art

3.1.
Das lebende System Art

Bisher habe ich folgendes zu zeigen versucht:

- Eine Identität entsteht durch Grenzsetzung. Durch die Schaffung einer Abgrenzung vom System zur Umwelt entstehen Wertungen (GUT-BÖSE) usw. (Kapitel 1). Mit anderen Worten: Wertungen bestehen bereits, seit es Identitäten gibt, also lange vor der Entstehung von Leben.
- Ein lebendes System entsteht durch den Zusammenschluß von Identitäten. Es hat damit eine definierte materielle und immaterielle Grenze und kann unterscheiden, was zu ihm gehört und was nicht. Mehrere Identitäten definieren sich als System.
- Die einzelnen Identitäten (Elemente) sind jedoch austauschbar. Lebende Systeme sind also offen.
- Lebende Systeme würden sofort wieder aussterben, wenn nicht bestimmte Bedingungen erfüllt sind. Grundsätzlich müssen sich alle Systeme unterscheiden (Einzigartigkeit jedes Systems, siehe Kap. 2). Dies ist nur möglich, wenn ihre Bausteine (Identitäten, Elemente) Unterschiede aufweisen.
- Will das System überleben, muss es sich vermehren. Will es sich entwickeln, muss es über Aggressivität verfügen.

Nunmehr stelle ich die Frage, ob etwas Derartiges in der Natur zu finden ist und was dies gegebenenfalls ist.

Hieraus ergibt sich meine weitere These: das Gesuchte sind die Gene, bzw. die Chromosomen, bzw. die Arten. Die Arten sind nämlich die Umsetzung der Chromosomen in ein lebendes System. Die Grenze des Chromosomensatzes endet nicht beim Individuum, sondern bei der Art. Die Art ist der Träger der genetischen Information, die Individuen sind nur Mittel zur Ausbreitung und Mutation. Beim Menschen sind es die Staaten, die organisierten Völker.

Das lebende System, das hier gesucht wird, ist nicht etwa ein Mensch oder anderes Tier- oder Pflanzenindividuum, sondern es sind die Arten, über deren Entwicklung

Darwin Erkenntnisse gewonnen hat. Noch allgemeiner gesagt: es sind die genetisch gespeicherten Informationen der Arten, die die lebenden Systeme und ihre Grenzen definieren. Die Informationen über die Arten sind in deren Genen gespeichert. Deshalb spreche ich auch gern von Genarten.
Also: die Gattung Frosch, die Gattung Mensch, eine Hirschart, eine Brennesselart, eine Schneckenart, eine Menschenart und deren Abkömmlinge: das sind die früheren und die dauerhaften lebenden Systeme.
Individuen haben sich als lebende Systeme zeitlich später definiert, und das im wesentlichen beim Menschen, bedingt durch seine geistigen Fähigkeiten. Individuen existieren ursprünglich lediglich als materielle sterbliche "Nummern". Sie sind im Gegensatz zu den Arten sterbliche Systeme. Genarten sterben nicht, sondern sie breiten sich auf der Erde aus und entwickeln sich.
Eine Blaualge lebt nicht als Individuum, sondern als Element einer Art. Sie vermehrt sich und hilft damit der Art, sich auszubreiten und zu entwickeln. Diese Art hat wie jede andere Art die Tendenz, die ganze Welt zu bevölkern. Und sie würde dies auch tun, wenn nicht eine andere Art entstehen würde, die die Verbreitung der Blaualge einschränkt. Insofern werden ihre Grenzen vom Wachstum anderer lebender Systeme mitbestimmt. Gäbe es auf der Erde irgendwo ein Milieu, das für Blaualgenwachstum unverträglich wäre, würden die Blaualgengene so lange mit Mutationen spielen, bis eine Mutante gefunden ist, die auch in diesem Milieu existiert. Diese könnte sich eventuell auch als eigene Art definieren und von den Blaualgen abgrenzen. Für Pflanzen- und Tierarten stellt die Erde praktisch zunächst einmal ein geschlossenes System dar.
Mich interessieren nun nicht Pflanzenarten oder Tierarten, sondern Menschenarten. Wie sehen nun aber die ersten Menschenarten aus, wie sind sie organisiert? Die vielleicht überraschende Antwort lautet: sie sind in Form von Völkern und Staaten sichtbar.

3.2.
Die Staaten

Wer sind die menschlichen Identitäten, die auf der Erde wirken?
Wir brauchen uns nur unsere Geschichtsbücher anzusehen!
Es sind die Staaten, die Völker. Sie grenzen sich gegeneinander ab und definieren, wer und was zu ihnen gehört.
Der Staat handelt als Identität, als lebendes System. Kriege werden geführt um Ländereien, um die Bodenschätze, um Einflußgebiete. Nachbarländer wüten

gegeneinander, Völker werden ausgerottet. Es geht hier schlimmer zu, als zwischen konkurrierenden Tierarten. Die Staaten vertreten die Interessen der Gene. Das Verhalten der Staaten wird von den Genen gesteuert. Die Staaten stehen im Dienst der Gene. Diese wollen den Kampf ums Überleben und die daraus resultierende Evolution. Es sind nicht die einzelnen Individuen Mensch, die Entscheidungen treffen. Nicht die Politiker treffen Entscheidungen, sondern das System Staat bedient sich der Menschen, um zu handeln.

Jeder Staat will sich, wie jede Genpopulation, ausbreiten und konkurrierende Populationen verdrängen. Jede Tierhorde will die zur Verfügung stehende Beute für sich, zur Not den Tod des Nachbarn. Jede Genpopulation produziert wegen dieses Ausbreitungswunsches einen Überschuß an Individuen. Dass der zur Verfügung stehende Raum immer enger wird, ist den Genen erwünscht. Diese Übervermehrung ist ein Faktor, der den Selektionsdruck schafft. Der zweite Faktor ist die Umwelt und die Veränderungen der materiellen Umwelt (Katastrophen wie Eiszeiten usw., die eine Nahrungsverknappung zur Folge haben).

Nach diesem Muster verhalten sich auch Staaten. Verträge sind den Genen bedeutungslos. Sie dienen den Genen nur zur Verteidigung ihres Überlebens, sind rein taktische Manöver. Deshalb kann man, wenn Staaten "Frieden" sagen, dem nicht trauen. Wenn ein Staat ein Friedensabkommen schließt, macht er das nur, weil er überleben will und deshalb den Angriff der Feinde vermeiden will. Wenn die Atommächte ein Friedensabkommen schließen, machen sie dies auch nur, weil sie den eigenen Untergang vermeiden wollen (Gesetz der Selbsterhaltung), nicht etwa, weil sie friedliebend wären.

Jede Nation hat die Tendenz, die ganze Welt bevölkern zu wollen. Die Europäer sind nach Übersee gefahren, haben in Amerika die Indianer ausgerottet, um das Land zu besiedeln. In Afrika ist das nicht ganz so radikal gelungen, in Asien noch weniger.

Auch die Religionen und Weltanschauungen sind beteiligt. Die Juden haben eine Religion, die ihnen die Weltherrschaft verspricht. Hitler wollte den Osten erobern, den Deutschen gefiel die Idee offensichtlich. Schon zu Zeiten der Kreuzritter gab es diese Idee. Es handelt sich um eine genetisch geprägte Idee und nicht um eine Schöpfung des Geistes.

Wer dirigiert die Länder, Nationen, Staaten, Völker?

Auch das ist leicht zu beantworten. Die Menschen sind es offensichtlich nicht. Die wollen Frieden. Von den Menschen ist das sogar ernst gemeint. Der Mensch kann zwar denken, aber er ist blind für seine eigene Aggressivität. Wer macht ihn blind? Ganz einfach: seine Position als Element einer Gruppe. Er kann als Teil (als Element) einer Menge nicht die Aggressivität der Menge erkennen, deren Teil er ist. Das ist mathematisches Gesetz. Der einzelne Mensch kann nicht erkennen, dass es der Staat ist, der handelt. Der Mensch denkt stets, dass er selbst der Handelnde sei. Das ist jedoch ein Irrtum. Nicht das Individuum handelt, sondern der Staat. Der Staat ist die Identität, die aktiv ist. Der Mensch ist nur Werkzeug. Er wird massenweise für die Erhaltung und die Vergrößerung des Staates geopfert. Das einzelne Individuum ist für der Staat völlig bedeutungslos.

Diese Erkenntnis ist mit einer narzisstischen Kränkung verbunden. Kein Mensch sieht gern ein, dass er wertlos ist, dass er Werkzeug für andere ist. Deshalb erkennt der Mensch nicht seine Opferrolle für den Staat, in dem er lebt. Das Individuum Mensch ist dem Staat, in dem er lebt, ursprünglich genausowenig wert, wie die einzelne Ameise dem Ameisenstaat oder die einzelne Kaulquappe der Art Frosch, der sie angehört.

Die beobachtbare Zerstörungswut der Staaten (Völker, Nationen) wird von den Genen gesteuert. Die Gene wollen sich ausbreiten. Genau wie Tierarten gegeneinander konkurrieren, kämpfen Nachbarländer gegeneinander. Nur: der Mensch macht das radikaler. Deshalb beherrscht er auch die Erde. Er ist rücksichtsloser als alle anderen Tiergattungen. Es sind jedoch die Gene, die die Ausbreitungstendenz haben und nicht die einzelnen Menschen. Repräsentant einer Genart sind nicht die Individuen, sondern die Art. Dies gilt auch für den Menschen. Repräsentant der Genart ist hier in der heutigen Zeit der Staat. Deshalb ist der Krieg der Staaten oder der Völker (wie in Jugoslawien oder in Kurdistan) der Vater aller Dinge. Er regt die Kreativität der Menschen an, weil diese für die Ausbreitung ihrer Gene sorgen müssen.

Bei der Sexualbetätigung ist klar, dass es sich um einen Trieb handelt, der über Hormone das Verhalten der Menschen dahingehend steuert, die Vermehrung der Gene zu garantieren. Aber nicht nur die Vermehrung der Gene ist den Genen wichtig, sondern auch ihre Flächenausdehnung. Jede Genart will sich über die ganze Welt verbreiten.

Die Genart will sich vermehren und ausbreiten. Die Vermehrung läuft über den Sex, die Ausbreitung über den Krieg.

Die erste Identität eines lebenden Systems auf der Erde ist also die Genart und ihr Phänotyp, die Tierart, beim Menschen das Volk oder der Staat. Das Volk, die Rasse, war auch im 20. Jahrhundert noch aktiv und hat für den 2. Weltkrieg gesorgt. Wenn die Aktivitäten der lebenden Systeme Volk im dritten Jahrtausend nicht erkannt werden, werden sie für den Untergang der Menschheit sorgen. Das zeitlich frühere lebende offene und begrenzte System ist das Volk und seine

Organisation, der Staat. Erst viel später kommt das Individuum Mensch (siehe Kapitel 4 und 5). Das lebende System Mensch ist allerdings noch im Anfangsstadium seiner Entwicklung, hat sich selbst noch nicht erkannt und definiert. Dies wird sich hoffentlich ändern. Die Veröffentlichung dieses Buches soll dazu beitragen.
Was ich theoretisch für die Identität abgeleitet habe, gilt praktisch für das Volk und den Staat. Beispielsweise die mit der Grenzsetzung verbundene Wertung: Ich bin GUT, das Fremde ist BÖSE. Im (unbewussten) Auftrag der Gene denken sich die Menschen dazu eine Religion aus, die ihnen beweist, dass sie, ihr Volk, die GUTEN sind, und die Nachbarvölker die BÖSEN. Das wiederum gibt ihnen ihr moralisches Recht, Massenmorde zu begehen und den Nachbarn auszurotten.
Die Menschen haben sich zunächst nicht als Individuen entwickelt, sondern als Gruppen. Aus diesen Gruppen sind schließlich Staaten geworden. Hierin unterscheidet sich der Mensch überhaupt nicht von Tieren. Klarer wird dies, wenn man es auf der Ebene der Chromosomen betrachtet. Auch beim Menschen gibt es Vermischungsgrenzen der Gene. Es bilden sich genauso wie im Tierreich menschliche Genarten.
Als heutiger Mensch denkt man aufgrund seiner Erziehung, dass man sein Verhalten nach eigenen Maßstäben steuert. Dies ist ein grundsätzlicher Fehler, den man möglichst abschalten sollte, wenn man nach der Funktionsweise lebender Systeme sucht. Nicht der einzelne Mensch steuert sein Verhalten, sondern seine Gene steuern sein Verhalten im Sinne der Genart, in der er lebt, also im Sinne seines Staates. Diese Hypothese unterscheidet meine Theorie von bisherigen Denkansätzen.

3.3.
Die Identität einer Gruppe

Eine Gruppe höherer Ordnung ist dadurch gekennzeichnet, dass die Individuen, die die Gruppe bilden, eine gemeinsame Identität haben. Die einzelnen Individuen können ganz unterschiedliche Fähigkeiten haben und verschiedene Funktionen innerhalb der Gruppe ausfüllen.
Gemeinsam ist allen Individuen der Gruppe die gemeinsame Identität.
Canetti beschäftigt sich in "Masse und Macht" lediglich mit Extremsituationen, in denen sich eine Masse oder eine Meute (Jagdmeute usw.) formiert. Auch er betont immer wieder die Tendenz zur Vergrößerung dieser Gruppenbildungen. Mich interessieren nicht die Extremsituationen, sondern sozusagen der Normalzustand derartiger Gruppen. Auch im Normalzustand muss das Zusammenleben von

Menschenansammlungen organisiert werden. Und diese Organisierung von Menschengruppen, die zusammengehören und ihr Zusammensein definieren, geschieht über eine gemeinsame Identität, die gleichzeitig eine Nicht-Identität definiert.
Es müssen stets Kriterien festgelegt sein, die eine Entscheidung darüber zulassen, ob ein Individuum Mensch zu dieser Gruppe gehört oder ob es nicht dazugehört. Diese Zugehörigkeit kann Fremden gewährt werden oder auch Gruppenzugehörigen nach bestimmten Regeln versagt werden, was dazu führt, dass ein Gruppenmitglied ausgesetzt wird.
Diese Kriterien für eine Zugehörigkeit und Nichtzugehörigkeit sind die Grenze, die von der Gruppe festgelegt wird und die die Gruppe als begrenztes - aber offenes - System definiert.
Die Wir-Identität der menschlichen Gruppe äußert sich in den Individuen, die diese Gruppe bilden, genauso wie die individuelle Identität:

- Sie steigert das Selbstwertgefühl des Individuums und bindet es damit an "seine" Gruppe.
- Die Individuen der Gruppe haben einen Begriff von Eigentum, von dem, was zu der Gruppe gehört (z.B. auch heutzutage noch eine Straße, eine Kneipe, ein Land).
- Die Individuen, die die Gruppe bilden, haben einen gemeinsamen Glauben, eine Überzeugung, im Besitz einer Wahrheit zu sein. Dies kann ein gemeinsames Ideal sein, eine gemeinsame ("wissenschaftliche") Überzeugung, eine religiöse Idee. Die Inhalte dieses Glaubens sind sehr variabel und völlig nebensächlich. Entscheidend ist dieser Glaube. Es besteht die Überzeugung, im Besitz einer Wahrheit zu sein. Dahinter stehen die Gene der Art, die die Individuen überzeugt, besser zu sein als konkurrierende Arten.
- Die Gruppe hat die Tendenz - wie jedes lebende System -, sich auszubreiten. Je stärker diese Glaubensüberzeugung, desto gewaltsamer geht die Gruppe gegen konkurrierende Gruppen vor.

3.4.
Die Definition der Wahrheit

Diese Identität äußert sich im bewussten Erleben des Menschen in dem Gedanken "ICH" (bzw. SELBST) und in der gefühlshaften Überzeugung "GUT". Die Wertung "GUT" ist untrennbar mit dem Gedanken "ICH" (SELBST) verbunden.

Ist der einzelne Mensch Teil einer Gruppe, also eines Systems, das aus mehreren Menschen besteht, so äußert sich diese Gruppenidentität im Erleben des einzelnen Menschen in dem Gedanken "WIR" und der Wertung "WAHR". Diese Identität mit dem dazugehörigen ICH- bzw. WIR-Gefühl und der Wertung GUT bzw. WAHR des bewussten Erlebens ist das wesentliche Kennzeichen eines Systems (einzelner Mensch, Gruppe, Staat). Es besteht im Individuum Mensch ein Selbstwertgefühl und ein oder mehrere WIR-Gefühle (s. auch Elias, Canetti und Le Bon). Je höher die Systemebene ist, desto stärker wirkt der Einfluß des WIR-Gefühls auf das Verhalten des Individuums. Das stärkste WIR-Gefühl geht vom System Volk (Staat) aus.

Dieses ist verknüpft mit einer Überzeugung dessen, was die Gruppe (der Staat, die Religionsgemeinschaft) für WAHR hält. Im Namen dieser "Wahrheit" wird die konkurrierende Gruppe bekämpft und möglichst vernichtet. Diese Brutalität wird natürlich nicht als Aggressivität erlebt, sondern stets als Verteidigung von Idealen, die angeblich einen höheren Wert besitzen als die des Gegners.

3.5.
Die nationale Identität

Der Hang nach Identifizierung mit dem Größeren, Stärkeren, ist ein genetisch festgelegtes Programm, das dem Überleben (der Selbsterhaltung) der Art dient. Deshalb identifiziert sich der Mensch mit der Gruppe, der Religionsgemeinschaft und dem Staat.

Grundlage (Ziel) des Programms ist die Tendenz zur Vergrößerung dieses Organismus` (Staat, Religionsgemeinschaft usw.).

Die Vergrößerung äußert sich im aggressiven Verhalten dem Nachbarn gegenüber.

Dieses aggressive Verhalten ist ein natürliches Verhalten, also weder "gut" noch "böse" im moralischen Sinn.

Dieses Verhalten bildet das "ES" des Systems (Staat, Individuum usw.).

Durch Einwirkungen stärkerer Mächte, die dieses Verhalten als "böse" bezeichnen, entwickelt sich ein "Gewissen" des Systems (z.B. Staat), ein "ÜBER-ICH", das, was Elias als Moralkodex (S. 180) und Ehrenkodex bezeichnet.

Die Bildung einer Identität ist stets eng verknüpft mit dem Aggressiven. Und dies in besonderer Weise.

Der Begriff SELBST und der Begriff GUT ist untrennbar miteinander verbunden. Ein System, das sich selbst als eine Einheit definiert, kann sich selbst nie als "schlecht" definieren. Zum SELBST - zum Ich bzw. Wir - gehört untrennbar das

"GUT". Kein gesundes Individuum empfindet sich selbst als "schlecht" oder "böse", keine Gruppe, keine Organisation, kein Staat vertritt etwas "schlechtes" oder "böses". Das "Böse"/"Schlechte" wird im Verlauf der Identitätsbildung abgesondert und auf den Nächsten projiziert.
Angewendet auf die Bildung eines Staates heißt das: mit der Bildung der Identität eines Staates geht die Absonderung (Abspaltung) des "Bösen" und seine Projektion auf den Nachbarstaat einher.
Man weiß: jeder braucht einen Gegner. Viel Feind viel Ehr`. Deshalb betont das Christentum: liebe deinen Nächsten (wie dich selbst). Übrigens eines der wenigen Gebote, die meisten der 10 "Gebote" sind ja Verbote ("Du sollst nicht ...").
Die Stärke eines Identitätsgefühls, die man beim Individuum auch als Selbstwertgefühl oder umgangssprachlich als "Selbstbewusstsein" bezeichnet, ist proportional den ausgelebten Aggressionen.
Aggressives Verhalten fördert das Selbstbewusstsein bzw. stärkt das Identitätsgefühl.
Nicht das Nachgeben oder das Lieben des Nächsten steigert das Selbstwertgefühl, sondern das Sich-durchsetzen, das Aggressiv-sein. Rücksichtslosigkeit fördert die Identitätsentwicklung. Je frecher, je stärker, je erfolgreicher, desto mehr narzisstische Befriedigung und Selbstwertgefühl.
Es ist dabei völlig egal, wie - mit welchen Mitteln - der Erfolg erreicht wird. Man mag es bedauern, dass Erfolg in der Regel durch aggressives Verhalten erzielt wird. Aber die Realität ist so. Es herrschen nie die Schwachen, sondern die Starken, Rücksichtslosen. Alles andere ist Märchen, Propaganda zur Verschleierung der Realität.
Attraktivität als Objekt für eine Identifizierung und für die Entwicklung einer Identität hat besonders das, was Macht, Stärke, Durchsetzungsvermögen verkörpert.
Das "Gute" im moralischen Sinn ist hier völlig unattraktiv. Das Äußerliche ist wichtiger wie der innere Wert.
Es geht nämlich bei der Identitätsbildung nicht um moralische Werte, sondern um die Stärkung des Selbstbewusstseins. Und dies wird gestärkt durch Machtgefühl, auch schon durch Machtdemonstration, letztlich dadurch, dass das Ich, das Selbst sich entfalten kann. Und diese Selbstentfaltung ist nun einmal oft mit der Verdrängung anderer verbunden. Die mit der Selbstentfaltung verbundene Gewaltanwendung anderen gegenüber (Mitkonkurrenten) wird subjektiv nie als "schlecht" oder "böse" im moralischen Sinn empfunden.

3.6.
Das Prinzip "Selbstentfaltung"

Der Motor der Evolution funktioniert nach Darwin nach zwei Prinzipien (Regeln): erstens erzeugt jede Elterngeneration mehr Nachkommen, als von der Natur ernährt werden können. Dies führt zweitens zu einem Selektionsdruck. Unter diesem Druck setzt sich der durch, der besser angepaßt oder stärker ist. Dies ist die zweite Voraussetzung für Evolution, nämlich der Kampf ums Dasein. Die dritte Komponente nennt Darwin nicht: nämlich die Umwelt. Veränderungen der Umwelt (Naturkatastrophen) bewirken einen enormen Selektionsdruck. Es findet eine Interaktion statt zwischen "Umwelt" und deren Veränderungen und Anpassungen der Lebewesen, die ihrerseits die Umwelt verändern (besonders der Mensch).
Die beiden von Darwin genannten Komponenten, die die Evolution erklären, kann man auch in einem Begriff fassen: nämlich dem der Selbstentfaltung. Unter Selbstentfaltung verstehe ich alle Aktivitäten, die darauf abzielen, ein lebendes System zu vergrößern. Man könnte dies wohl auch Yang-Prinzip nennen.
Vergrößerung einer Tierart findet einerseits dadurch statt, dass sie sich vermehrt, andererseits dadurch, dass sie den Raum, den sie einnimmt, vergrößert. Dies z.B. durch "Wettbewerb" um gemeinsame Nahrungsressourcen, andererseits durch Kampf. Es handelt sich meines Erachtens um ein Prinzip, dem auch die nicht-biologische Evolution unterliegt (z.B. breiten sich Gase aus). Es handelt sich um ein Prinzip, das ich als Selbstentfaltung bezeichnen möchte. Jeder Organismus, jedes lebende System, jeder Mensch, jede Gruppe, jede Einheit hat diese Tendenz, sich auszubreiten - durch Vermehrung und Vergrößerung. Diese Ausbreitung wird vom jeweiligen Organismus selbst als normal und selbstverständlich angesehen. Aus der Sicht der konkurrierenden Einheit wird diese Tendenz als Aggression erlebt. Dies können wir täglich bei Betrachtung der vielen Kriegsereignisse zwischen Menschengruppen sehen: jede Kriegspartei definiert ihre Aktivitäten sich auszubreiten als "gut" und die Aktivitäten des Gegners als "böse", als Aggression, als Gewalt. Ohne diese Gewaltanwendung, die sich selbst als Selbstentfaltung erlebt, gäbe es keine Evolution. Die Vorschläge Poppers zur Abschaffung der Gewalt (Popper 1994) sind zwar gut und richtig. Die Abschaffung der Gewalt und die Installation des Paradieses auf Erden würde aber auch die Abschaffung der Evolution bedeuten.
Selbstentfaltungshandlungen befriedigen in der Regel nicht nur narzisstische Wünsche, sondern auch aggressive Wünsche. Letztere werden allerdings beim

lebenden System Mensch ins Unbewusste verdrängt. Dennoch muss die aggressive Komponente derartiger Handlungen schon hier betont werden (näheres Kapitel 4.).

3.7.
Das Prinzip "Zusammenschluß"

Der Mensch entwickelte sich aus einer "Urhorde" von Affen. Er entstand nicht als Individuum, sondern als Gruppenwesen. Deshalb sollte ich genauer sagen: Menschenhorden entwickelten sich aus Affenhorden.

Erstes Problem war die Definition, wer dazugehört.

Zu einer Gruppe (Horde) gehören immer mehrere Personen mit einem gemeinsamen Interesse.

Das gemeinsame Interesse bestand in der vormenschlichen Affenhorde vermutlich darin, einen bestimmten Raum (Revier) gegen Angriffe konkurrierender Gruppen zu verteidigen. Dieser Raum ist immer (auch heute noch) entweder ein Stück Land, in dem es viel zu essen gab (Früchte, jagbare Tiere), bei Ackerbau betreibenden Gruppen ein fruchtbares Stück Land, oder womöglich auch eine Büffelherde, der man folgt (Indianer vor ihrer Ausrottung). Bei der frühen Gruppenbildung ging es darum, dass man gemeinsam etwas, was für das Überleben notwendig war, verteidigte. Bereits bei Affen - und auch bei anderen Tieren - gibt es derartige Gruppen. Der Druck, der die Gruppe schafft, ist die Vergrößerung der Überlebenschance für die Individuen der Gruppe. Mit Hilfe der Gruppe ist es leichter, größere, schnellere Beutetiere zu jagen. Mit der Gruppe ist es leichter, sich Feinden zu erwehren.

Diese Primärgruppe muss nicht geschlossen gewesen sein.

Vermutlich war sie offen, so dass sich andere anschließen konnten. Sie konnte aber nur so groß werden, wie die Nahrungsbeschaffung es zuließ. Die Größe der Gruppe wurde also definiert von der Umwelt. Genauer: davon, wie viele Menschen (Affen) von der Umwelt ernährt werden konnten.

3.8.
Die Entstehung der Gewalt

Das Gewaltproblem trat in dem Moment auf, in dem Mangel eintrat.

Wenn zum Beispiel durch Überschwemmungen oder Dürre die Nahrungsmenge abnahm, musste zwangsläufig eine Konkurrenz um die verbliebene Nahrung einsetzen. Dieses Problem konnte in zwei Richtungen gelöst werden:

- Gewalt nach innen: die Starken essen sich satt und überleben, die Schwachen verhungern.
- Gewalt nach außen: die Gruppe handelt als Gemeinschaft und sucht sich als Gemeinschaft eine neue gemeinsame Nahrungsquelle. Wenn diese von einer anderen Gruppe bewohnt ist, wird ein Krieg entscheiden, wem diese in Zukunft gehört.

So war es am Anfang, so war es im 2. Weltkrieg ("Lebensraum im Osten"), so war es kürzlich im ehemaligen Jugoslawien und so wird es so lange bleiben, wie es genetische Evolution gibt.

Oben habe ich von dem Prinzip der Selbstentfaltung (Vergrößerung, Vermehrung) gesprochen. In der jetzt beschriebenen Mangelsituation herrscht ein anderes Prinzip: das Prinzip der Selbsterhaltung. Beide Prinzipien sind in der Evolution ständig wirksam und sorgen für unterschiedliche Tendenzen:

Das Prinzip Selbsterhaltung sorgt für die Anpassung an die Umwelt.

Das Prinzip Selbstentfaltung drängt nach Veränderung, nach neuem, nach Entwicklung, automatisch auch nach Veränderung der Umwelt.

Vielleicht sind die beiden Erscheinungsformen des Lichts (Korpuskel- und Welleneigenschaft) auch Manifestationen des Selbsterhaltungs- und des Selbstentfaltungsprinzips.

Selbsterhaltung hat für das Individuum vier Aspekte: aggressives Verhalten (Jagd), Anpassungsverhalten (den Stärkeren nicht provozieren, sich tarnen), Flucht (vor dem Stärkeren, Anpassung könnte man auch Flucht nach innen nennen) und Gruppenbildung.

Selbsterhaltung ist also nicht nur Aggressivität, sondern auch Hemmung der Aggressivität.

In den Gruppen von Affen, die bereits vor Menschengruppen existierten, wurde bereits die Gewalt nach innen nach der Aggressivität der Individuen geregelt. Das aggressivste Tier übernahm innerhalb der Gruppe die Führung, die Hierarchie der Gruppe wird durch den Einsatz körperlicher Gewalt reguliert.

Wahrscheinlich hängt die "Geburt" des Menschen damit zusammen, dass in einer Notsituation (Nahrungsmangel) auf den zweiten Mechanismus zurückgegriffen wurde: nämlich die Einigung innerhalb der Gruppe, sich nicht um die wenige Nahrung zu streiten, sondern sich woanders Nahrung zu suchen. Die Gewalt nach außen zu richten.

Die Frage nach dem Warum soll hier nicht beantwortet werden. Interessant ist aber, welche Änderungen damit verbunden sind.

3.9.
Die Entstehung der Kultur

Zur Regulierung der Rangordnung innerhalb der Gruppe wird in erster Linie körperliche Kraft, Mut, Rücksichtslosigkeit benötigt.

Die Einigung setzt hingegen eine gewisse Rücksicht voraus. Dem Schwächeren wird nicht einfach Nahrung weggenommen, sondern zum eigenen Nachteil belassen. Das ist eigentlich dumm. Ein derartiges Verhalten hätte von den anderen Gruppenmitgliedern als Schwäche ausgelegt werden müssen. Das nachgiebige stärkste Tier würde von den anderen schwächeren aber rücksichtsloseren Tieren verdrängt werden. Der rücksichtsvolle Führer müsste gleichzeitig die Fähigkeit haben, den anderen Gruppenmitgliedern seine Motivation verständlich zu machen. Oder ein anderes Gruppenmitglied müsste die Idee haben, sich einen anderen Ort zu suchen und die Fähigkeit haben, diese Idee den anderen zu vermitteln.

Die Idee als solche wäre ja einfach: wir nehmen uns gegenseitig nichts weg und bringen uns nicht gegenseitig um, sondern wir richten unsere Aggressionen gegen eine andere Gruppe, die genügend zu essen hat, und nehmen denen das weg. Der Vorteil für die Mehrheit ist schnell einsichtig: die Mehrheit der Schwächeren hätte eine größere Überlebenschance. Die Minderheit der Stärkeren wäre allerdings schwer zu überzeugen. Sie hätte eigentlich keinen Gewinn.

Mögliche Erklärungen dafür, dass diese Starken einem derartigen Plan zustimmen würden, wäre zum Beispiel Erfahrung: nämlich die Erfahrung, dass es nicht nur positiv ist, in Notzeiten zu den Überlebenden zu gehören. Vielleicht war diesen Tieren bereits ein Einsamkeitsgefühl bekannt. Oder aber: vielleicht kannten sie bereits das Gefühl der Zuneigung oder Liebe und wollten (genetisch gesteuert) schwächere Tiere - möglicherweise ihre Kinder oder die Mütter ihrer Kinder - nicht verlieren.

Gemeinsamer Nenner ist also: Voraussetzung für die Fassung eines derartigen Planes ist die Erweiterung der Gefühlswelt auf Zuneigungsgefühle, Liebe, Rücksichtnahme, Trauer, Einsamkeitsgefühle.

Auch derartige Gruppenbildung mit Gefühlsbindungen gibt es bereits im Tierreich.

Gemeinsamer Nenner ist natürlich auch die (genetisch gesteuerte) Einsicht, in der Gruppe stärker zu sein.

Gemeinsamer Nenner ist auch das Sicherheitsgefühl. Durch Aufgabenteilung muss das Individuum nicht ständig selbst auf der Hut sein.

Eine zweite Voraussetzung, die bisher unerwähnt blieb: die Verbesserung der Kommunikation. Der neue Plan musste ja den anderen vermittelt werden. Dazu

wäre natürlich eine Erweiterung der nonverbalen Kommunikationsmöglichkeit (z.B. Mimik und Gestik) und die Verbesserung der verbalen Kommunikationsmöglichkeiten (Sprache) erforderlich.
Die Gesichtsmuskulatur sowie die Kehlkopf- und Zungenmuskulatur sowie das akustische und optische Wahrnehmungsvermögen musste so entwickelt sein, dass "Sprache" (verbale und nonverbale Kommunikation) möglich war, einen derartigen Plan anderen zu vermitteln. Ich vermute daher, dass Tiergruppen, die sich mit mehreren Lauten verständlich machen können, anderen konkurrierenden Gruppen gegenüber aggressiver waren und sind, als Tiergruppen ohne Lautsprache.
Würde sich das Gegenteil herausstellen, wäre meine Theorie falsifiziert.
Das erweiterte Gefühlsleben war notwendig, um auf den Plan, Aggressivität gegen andere Gruppen zu richten, zu kommen und die Sprache war notwendig, um den Plan zu vermitteln.
Insgesamt gehören zur Menschwerdung von Affenhorden also vier Voraussetzungen:

- Eine Mangelsituation durch Umweltveränderungen, zum Beispiel Nahrungsmangel durch klimatische Veränderungen.
- Die Idee, Aggression nicht gegen Gruppenmitglieder zu richten, nicht den "Freunden" etwas wegzuessen und sie verhungern zu lassen. Die Einsicht, zusammen stärker zu sein.
- Die Erweiterung der Gefühlswelt.
- Die Sprache.

Dabei sind Punkt zwei und drei ähnlich. Auch bei Punkt zwei handelt es sich um gefühlsbedingte Hemmungen, die auftreten.
Diese betreffen das Aggressive. Es bestehen nun Hemmungen, gegen Gruppenmitglieder aggressiv zu sein. Derartige Hemmungen bestehen ja bereits bei Vorläufern des Menschen in Zeiten von Wohlstand.
Diesen Vorgang könnte man auch mit "Einsicht" beschreiben. Es handelt sich ja um die Einsicht, nicht seinem Nächsten etwas anzutun, sondern sich zu verbünden und gemeinsam gegen die konkurrierende Gruppe vorzugehen. Es ist die Einsicht: "Ich" (das starke Individuum) verzichte auf die gewaltsame Durchsetzung von "Privatinteressen", gemeinsam sind "Wir" stärker. Letztlich steigert das auch meine Aussicht auf dauerhafteres überleben ("Sicherheitsdenken"). Da es sich um ein sinnvolles Handeln im Sinne der Ausbreitungstendenz der genetischen Information handelt, liegt die Vermutung nahe, dass auch "Einsicht" etwas ist, das von den Genen gesteuert wird.

Dass die "Menschwerdung" mit der Sprache zu tun hat, ist ja nicht neu. Auch, dass sich der Mensch durch eine erweiterte Gefühlswelt auszeichnet, ist eine weit verbreitete Ansicht. Alles in allem könnte man von der Entstehung dessen sprechen, was unter "menschlicher Kultur" verstanden wird. Die Entstehung der Kultur und der Sprache ist also wie jede evolutionäre Weiterentwicklung Folge einer Erhöhung des Selektionsdrucks, Folge einer verstärkten Gewaltnotwendigkeit. Gewalt und Kultur sind nicht voneinander trennbar.

3.10.
Die Gruppenidentität

Worauf ich hinweisen möchte, ist die Bedeutung der äußeren Umstände und insbesondere die Bedeutung des Umgangs mit der Aggressivität.
Die Sprache wird in Zusammenhang damit entwickelt, dass der Mensch sich als Gruppenwesen versteht, eine Gruppenidentität hat und aus Rücksicht auf die Gruppe seine Aggressionen auf andere Gruppen (Horden) gleicher Ebene richtet. Sie entsteht also in Verbindung einer Steuerung der Aggressivität.
Sprache dient am Anfang der Organisation der Gruppe und der Koordinierung gemeinsamer Aktivitäten, die der Suche neuer Nahrungsquellen dienen. Hierzu ist der Kampf gegen diejenigen erforderlich, die im Besitz der nahrungsreichen Reviere sind.
Direkter gesagt: der Mensch beginnt mit der Sprache. Die Sprache steht jedoch im Dienst der Gene, die überleben und sich ausbreiten wollen. Sprache nützt nicht dem Individuum, sondern der Gruppe, der Ausbreitung der Chromosomen, der Genpopulation.
Die Sprache dient auch dem Kampf um das Überleben gegen "Naturgewalten" (Nahrungsmangel durch Änderungen des Umweltmilieus). Betont werden soll, dass diese Menschwerdung ohne eine Gruppenidentität undenkbar ist. Sprache, Gruppenidentität, Richtung der Aggressivität auf andere Gruppen gleicher Ebene sind verschiedene Gesichtspunkte des Übergangs von Affen zum Menschen. Es entsteht natürlich kein Mensch aus einem Affen, sondern eine Affenart verändert sich zu einer Menschenart. Der Mensch entsteht selbstverständlich nicht als Individuum, sondern als Genpopulation, als Gattung, und differenziert sich zu verschiedenen Arten.
Gruppenidentität und Lenkung der gemeinsamen Aggressivität auf konkurrierende Gruppen gibt es natürlich auch im Tierreich. Das diesbezügliche Verhalten des Menschen ist genetisch programmiert, also zunächst Artverhalten. Neu ist beim

Menschen die Art der Realisierung (der Einsatz der Sprache). Typisch menschlich scheint mir die spezifische Art der aggressiven Gehemmtheit gegen Gruppenmitglieder und die Projektion der Aggressivität auf die konkurrieren Gruppe unter der neu entwickelten Gefühls- und Sprachwelt zu sein. Im Grunde gibt es alles - zumindest ansatzweise - bereits vor der Menschwerdung des Affen, genauso wie es vor der Entstehung lebender Systeme auch schon die Bausteine gab, aus denen sich lebende Systeme zusammensetzen. Deshalb greift man bei der Suche nach dem Neuen oft ins Leere. Neu ist die neue Verwendung der Bausteine, ihre neue Kombination, eine neue Handhabung. Die Sprache hat zunächst nur Nutzen in der Gruppe, für das Individuum selbst ist Sprache völlig sinnlos. Erst viel später wird der Mensch Sprache als Individuum für sich als System Mensch nutzen.

3.11.
Die Bildung größerer "Einheiten" (Identitäten)

Einen Gedanken möchte ich noch weiter verfolgen, nämlich den der Einsicht. Oben wurde schon erwähnt, dass Einsicht genetisch gesteuert ist. Dies zeigt sich auch daran, dass sie nicht dem Individuum nutzt, sondern der Gruppe. Wir können dies auch heute noch direkt beobachten.

Es mag auch schon bei der Entstehung des Systems menschliche Gruppe die Fälle gegeben haben, wo zwei Gruppen etwa gleich stark waren und sich gegenseitig aufrieben, es keinen Sieger zu geben schien. Aus dieser Situation gibt es einen Ausweg: beide Gruppen tun sich zusammen, verschmelzen zu einer größeren Gruppe, die zusammen stärker ist. Ein anderer Grund für einen derartigen Zusammenschluß kann auch darin bestanden haben, dass eine gemeinsame Bedrohung vorhanden war, etwa direkt durch Naturkatastrophen oder indirekt dadurch, dass sich Tierhorden durch Versiegen von Nahrungsquellen ausbreiten mussten und die vormenschlichen Affenhorden angriffen. In dem Fall ergab sich die Verbesserung der Überlebenschance durch Zusammenschluß nicht aufgrund eines Angriffsplanes, sondern eines Verteidigungsplanes.

Motiv für die Eindämmung der Gewalt innerhalb einer Gruppe ist aber stets die Ausübung von Gewalt nach außen, entweder zur Verteidigung oder zum Angriff.

Dieser Vorgang ist immer damit verbunden, dass die Identifikation mit der höheren Einheit zu einer Steigerung des Selbstbewusstseins führt.

Mit der Bildung der höheren Einheit ist stets ein narzisstischer Gewinn für das Individuum verbunden.

Der Einzelne, das Individuum, kann sich jeweils mit einer größeren, dadurch stärkeren Einheit identifizieren, was sein persönliches Stärkegefühl und Sicherheitsgefühl erhöht.
Motor für diese Vergrößerung der Einheiten, die letztlich zur Bildung von Staaten geführt hat, ist der ständige Wunsch, immer stärker zu werden, immer größer zu werden. Dieser ist genetisch vorprogrammiert und wird beim Menschen (aber auch bei anderen gruppenbildenden Tieren) über die Identifikation mit der größeren Einheit erfüllt.
Diesen Wunsch nach Vergrößerung habe ich als das Prinzip der Selbstentfaltung bezeichnet. Dieses führt zur Evolution auch des Menschen und zur Bildung von Staaten. Den Übergang vom Kampf konkurrierender Einheiten zum Zusammenschluß dieser Einheiten zu größeren Einheiten aufgrund von "Einsicht" könnte man auch beschreiben als Wechsel von einen Nullsummenspiel (der Gewinn des einen ist gleich des Verlustes des Gegners, die Summe von Gewinn und Verlust ist null) zu einem Nicht-Nullsummenspiel (Watzlawik 1986).
Das allgemeine Schema - die Regel - der Höherentwicklung sähe also so aus:

- Konkurrenz um die Selbsterhaltung und um Selbstentfaltungsmöglichkeiten zwischen Systemen gleicher Ebene (Horde-Horde).
- Die Idee, gemeinsam eine größere Überlebenschance und größere Selbstentfaltungsmöglichkeiten zu haben.
- Der Zusammenschluß zu einem Individuum größeren Organisationsgrades, bzw. einem Organismus höherer Komplexität. (die Einheit).

Unter dem evolutionären, genetisch programmierten Druck, immer neue größere Einheiten höherer Ordnung zu schaffen, hat sich im Verlauf der Evolution bei den Affenhorden die Sprache entwickelt, da die Sprache notwendig war, sich zu einigen. Im übrigen profitiert von dieser Einsicht zum Zusammenhalt und zum gemeinsamen handeln die Gruppe. Es überlebt die Gruppe. Für das Individuum ist sein Überleben in einem Kampf ein Lotteriespiel. Es kann sein individuelles Überleben nicht voraussehen. Es kämpft für die Gruppe und stirbt eventuell für die Gruppe. Diesen Tod nimmt es in Kauf, weil seine Verhalten und seine Einsicht genetisch gesteuert und sein Verhalten Artverhalten ist.
Die Idee, gemeinsam eine größere Überlebenschance und größere Selbstentfaltungsmöglichkeiten zu haben, ist wohl eine Idee, die bereits unabhängig von der Existenz eines Gehirns besteht. Es ist eine Idee, die der Evolution zugrunde liegt und die als Handlungsprogramm in den Genen festgeschrieben ist. Sie ist vermutlich mit der Entstehung von Organisation innerhalb einer Welt des Chaos

verbunden. Organisation hat anscheinend eine Tendenz, größer zu werden, sich auszubreiten, sich zu vermehren und Organisation höherer Ordnung zu bilden.
Es handelt sich meines Erachtens nicht um die Gegentendenz zur Entropie, sondern um eine Strukturierung von zunehmender Unordnung. Dies erklärt auch die Tendenz zur ständigen Zunahme der Komplexität der Struktur, bzw. der Erhöhung des Organisationsgrades.

3.12.
Das Arche-Noah-Prinzip

Die Entwicklung der Sprache und der Gefühle - damit des Denkens ("Einsicht") - stellt einen Sprung der Evolution dar. Dieser Sprung wurde - wie alle evolutionären Sprünge - durch eine Mangelsituation, eine Notsituation angeregt.
Wie das Sprichwort sagt: die Not macht erfinderisch.
Voraussetzung war allerdings eine Vergrößerung des Gehirns, die sich schon lange vorher abgespielt hat.
Die Evolution schafft also Dinge - wie das Großhirn -, die zunächst über Jahrmillionen völlig sinnlos sind, gar nicht genutzt werden. Aber irgendwann wird das Großhirn dann eben doch gebraucht. Die Bausteine des ersten Lebens bestanden ebenfalls lange bevor Leben entstand.
Dies möchte ich das Arche-Noah-Prinzip der Evolution nennen.
Die Arche war ein völlig sinnloses Gebilde - bis die Sintflut kam und die Arche zum Überleben Noahs führte. Die Sintflut war das äußere Ereignis, das den Selektionsdruck erzeugte. Die bislang sinnlose Arche erwies sich plötzlich als entscheidend für das Überleben. Wer eine Arche zur Verfügung hatte und zu nutzen wußte, war der Gewinner der Selektion.

3.13.
Die Aufgabenteilung

Verbunden mit dieser Entwicklung vom Affen zum Menschen ist auch die Aufgabenteilung innerhalb der menschlichen Urgruppe.
Zumindest in Kriegszeiten haben die körperlich Starken eine Funktion als Krieger, die Schwachen andere Aufgaben, zum Beispiel Organisation. Frauen haben sich sicher mehr um den Schutz der Kinder gekümmert. In den anschließenden Friedenszeiten musste die Gruppe einerseits gegen Angriffe anderer Gruppen verteidigt werden, andererseits haben die Krieger ihre Position möglicherweise

ausgenutzt, um die Schwachen der Gruppe zu unterdrücken. Es wird eine Arbeitsteilung von Arbeitern und Kriegern gegeben haben.
Anders gesagt: die Krieger nehmen den Arbeitern deren Produkte mit der Begründung weg, dass sie (die Krieger) ja keine Zeit zum arbeiten haben und deshalb das Recht hätten, von diesen "entlohnt" zu werden. Jedenfalls wurden etwas später (zur Zeit der Burgen, Ritter und Bauern) die Zwangsabgabe der Bauern an den Burgherrn so begründet.
Man könnte diese Entwicklung wohl auch unter dem Gesichtspunkt der "Schutzgelderpressung" sehen.
Die Krieger der Urhorde erpressen sich Abgaben der Arbeiter mit dem Argument, diese gegen Angriffe und Ausraubung anderer zu beschützen.
Hieraus könnten Verträge der Art entstanden sein, dass die Arbeiter die Krieger vertraglich verpflichteten, auch ihre Aufgabe als Beschützer auszuüben. Dies wäre die Geburt eines Rechtssystems und des staatlichen Gewaltmonopols.
An sich wäre es nicht ein staatliches Gewaltmonopol, sondern eine von der Masse der Arbeiter an die Krieger delegierte Aufgabe. Es wird also genau genommen gar kein Staat und keine Regierung benötigt. Benötigt werden lediglich Beschützer und produktiv Tätige.

3.14.
Die Verdrängung des "Bösen"

Für die Entwicklung des menschlichen Geistes war also der Kampf ums Dasein, wie Darwin in seiner Übersetzung es genannt hat, verantwortlich. Wie oben angeführt, könnte man dies auch als die Prinzipien der Selbsterhaltung und der Selbstentfaltung bezeichnen, die möglicherweise jeglicher Evolution, auch der der nichtbiologischen Natur, zugrunde liegt.
Der Kampf ums Dasein führt nicht nur zur Veränderung der Gene, sondern auch zur Entwicklung der Sprache, der Gefühle, des Gemeinschaftssinns, der Gruppenidentität und der Staaten.
Er führt auch beim Menschen zu etwas weiterem, was noch nicht erwähnt wurde, nämlich zur Verdrängung des "Bösen".
Der Mensch, der Sprache entwickelt, um sich darüber zu verständigen, wie er seinen Nachbarn umbringt, benutzt Sprache bereits in ihrem Ursprung dazu, seine bösen Absichten in das Unbewusste zu verdrängen und das "Gute", nämlich die Liebe zu seinen Stammesgenossen, in den Vordergrund zu stellen.

Die Definition der eigenen Gruppe als "GUT" und der fremden Gruppe als "BÖSE" ist ein wesentlicher Bestandteil der Entwicklung zum Menschen.
Ich vermute, dass die Worte für "gut" und "du" in jeder Sprache warm klingen und die Lippen dabei gerundet werden (Kussmund), während die Worte für "schlecht", "böse" und "sie" (nämlich die anderen, die Fremden, die Angreifer) scharf klingen und die Zähne bei der Aussprache gezeigt werden.

3.15.
Die Identität der menschlichen Individuen

Die von Darwin angenommenen Voraussetzungen für die Evolution, nämlich die Produktion von mehr Nachkommen als überleben können und die natürliche Auslese durch den Kampf ums Dasein, waren also auch die einzig nötigen Voraussetzungen für die Entstehung des Menschen. Dieser entstand nach meiner Theorie in der Gruppe, mit einer Gruppenidentität, zusammen mit der Entstehung der Gefühlswelt und der Sprache.
Die Gesetze der Evolution erklären also auch die Entstehung des menschlichen Geistes, der ja aus der Sprache und der Gefühlswelt resultiert und Voraussetzung dafür ist, dass sich der Mensch als Individuum selbst definieren kann.
Mit der Entstehung der Sprache entstand eine neue Qualität. Individuen, die sich von anderen abhoben, lebende Systeme mit allen Kennzeichen, die ein lebendes System auszeichnet, bestanden bereits vorher. Jetzt existiert ein lebendes System, das sprechen und sprachlich denken kann. Die Qualität hat jedoch nun nicht das System Volk oder Staat. Nicht die Gene sprechen. Die Gene können weiterhin ihre Information lediglich als genetische Information speichern. Die Möglichkeit des Sprechens hat das System Mensch als Individuum.

3.16.
Die Abgrenzung lebender Systeme

Ein entstehendes lebendes System steht vor dem Problem, eine Grenze ziehen zu müssen. Es muss sich von seiner Umwelt, von der es sich zunächst grundsätzlich gar nicht unterscheidet, abgrenzen.
Die Geburt jedes offenen begrenzten Systems ist verbunden mit der Definition einer Grenze. Das ist einerseits sehr wenig, aber andererseits doch etwas sehr Schwieriges. Es muss ent-schieden werden, was zu "mir" gehört und was nicht. Es muss also unter-schieden werden zwischen "eigen" und "fremd". Es handelt sich

grundsätzlich um eine Scheidung oder Teilung der Welt in "ICH" und "Nicht-ICH".

Dieser schöpferisch-definitorische Akt ist eine Ur-Teilung. Daher der Begriff Urteil. Dieses Urteil ist eine Teilung, die Ur-Teilung. Nicht umsonst beginnt nach der Bibel die Welt mit der Schaffung des Lichts und setzt sich durch Teilungen fort (Himmel und Erde usw.). Schöpfung besteht in der Definition einer Grenze, in einer Teilung (Teil-ung), einer Abtrennung. Ein Teil des vollständigen Ganzen unbegrenzten aber geschlossenen Systems (Universum) wird abgeteilt vom Ganzen und zu einem begrenzten offenen System erklärt ("gesetzt" nach Fichte).

Ich kann es nicht nachprüfen. Aber es würde mich nicht überraschen, wenn die Entwicklung des Menschen angefangen von der Entstehung der Welt durch den Urknall tatsächlich durch derartige Teilungen (Ab-Teilungen) stattgefunden hätte.

Jedenfalls könnte man zumindest die Entstehung lebender Systeme als einen Teilungsvorgang beschreiben. Es hat sich etwas abgeteilt und als Leben selbst installiert, definiert. Vielleicht könnte man die Entstehung des Systems Menschengruppe aus dem System Affengruppe ebenfalls so betrachten. Derzeit jedenfalls scheint mir die Abgrenzung des Systems Mensch (menschliches Individuum) von dem System menschliche Gruppe (Volk, Staat, Religionsgemeinschaft) im Gange zu sein. Das System Individuum Mensch grenzt sich vom System Staat unter Verwendung der Sprache ab.

Auf jeden Fall hat die sprachliche Selbstdefinition des Systems Mensch eine neue Qualität im Vergleich zum Affendasein. Das System Mensch grenzt sich vom System Staat, das ein Produkt der genetischen Entwicklung ist, ab.

Evolution scheint dem Gesetz der Entropie zu widersprechen. Dies liegt meines Erachtens lediglich an bestimmten Worten, die verwendet werden und zu Verwirrung führen. Der Grad der Unordnung nimmt im Weltall zu (Entropie), daran kann ich als Nicht-Mathematiker nicht zweifeln. Aber dem widerspricht meines Erachtens nicht, dass gleichzeitig der Grad der Organisiertheit dieser Unordnung zunimmt. Der Evolution liegen einfach die Regeln zugrunde, nach denen dieser Organisationsgrad der zunehmenden Unordnung steigt.

Evolution ist auch eine "Wegentwicklung" vom Ursprung, eine Entfremdung. Auch die Entstehung der Sprache (des Geistigen) ist eine Wegentwicklung vom Ursprung, eine Entfremdung.

3.17.
Die Gesetze

Lebende menschliche Systeme höherer Ordnung (z.B. Staaten) definieren ihre Grenzen auch durch Gesetze. Durch Gesetze wird festgelegt, welche Verhaltensweisen den Individuen erlaubt und verboten sind. Affenindividuen verhalten sich gengesteuert immer im Sinne ihrer Gengemeinschaft. Die Entwicklung des Geistigen (Sprache) führt dazu, dass das Verhalten des menschlichen Individuums nicht mehr völlig gengesteuert ist. Das neu entstandene System Mensch besitzt die Fähigkeit zur Eigensteuerung. Dies macht die Definition der Verhaltensgrenzen erforderlich, die Festlegung des Normalen, des psychisch Gesunden. Wer sich nicht an Grenzen hält, wer sie überschreitet, wird durch staatliche Sanktionsmaßnahmen negativ rückgekoppelt, bestraft. Er wird medizinisch behandelt (in Irrenanstalten) oder in Haftanstalten gesperrt. Die Bedeutung der Geldstrafen (Begrenzung der Geldmenge des Individuums, dadurch Einschränkung seiner Selbstentfaltungsmöglichkeiten) ergibt sich im Kapitel über die Bedeutung des Geldes. Hier soll lediglich auf die Bedeutung der Gesetze als Festlegung von Grenzen für das Verhalten der Individuen hingewiesen werden. Besondere Fehlverhaltensweisen werden durch Eliminierung des Individuums geahndet.

Grundsätzlich wird die Freiheit des Individuums, die Zahl seiner Freiheitsgrade, die Anzahl seiner Handlungsmöglichkeiten, die dem System Mensch zur Verfügung stehen, durch staatliche Gesetze eingeschränkt, begrenzt. Der Gewinn an Sicherheit, die Erhöhung der Überlebenschancen, wird vom Individuum erkauft durch eine Einschränkung der Freiheitsgrade des lebenden offenen begrenzten Systems Mensch. Dies macht das Individuum freiwillig unter bestimmten Voraussetzungen. Nämlich unter der Voraussetzung, dass die Gesetze für alle gelten und alle bei Übertretungen gleich bestraft werden - ansonsten treten Spannungen auf. Im übrigen hat diese Hemmung der Aggressivität, diese Anpassung, einen weiteren enormen Gewinn: sie verschafft dem Individuum weitere, bisher nicht gekannte Selbstentfaltungsmöglichkeiten. Dies ist wohl der letzte entscheidende Grund dafür, dass das Individuum Mensch die staatlichen Gesetze auch einhält. Das Individuum erhält durch die Mitgliedschaft in einer Gruppe, einem Staat, neue Entfaltungsmöglichkeiten. Die Gruppenbildung ist also nicht nur eine Konsequenz aus dem Prinzip Selbsterhaltung, sondern auch eine Konsequenz aus dem Prinzip Selbstentfaltung aus der Sicht des Systems Mensch. Die Gesetze haben den Sinn, das Individuum Mensch an das Artverhalten zu binden. Das

Individuum soll weiterhin für die Verbreitung der Art tätig sein. Das System Mensch kann sich jedoch nun dazu entscheiden und im Notfall selbst die Genart (den Staat) bestimmen, in dem es leben will.

Durch die Aufgabenteilung innerhalb einer Gesellschaft aus Menschen erhält das einzelne Individuum Zeit zur Entfaltung eigener Identität und durch die Sprache (verbale Denkmöglichkeit) die Möglichkeit, sich in einem neuen Raum, nämlich dem geistigen Raum, zu entfalten (geistige Selbstentfaltung).

Speicherorgan für die Identität des Organismus "Individuum" ist das Hirn des Individuums. Speicherorgan für die Identität der Gemeinschaft "Staat" im Individuum sind die Gene. Die Idee der Gemeinschaft, des Systems Staat ist im Individuum bereits vor der bewussten menschlichen Staatsbildung genetisch angelegt.

Speicherorgan für die Regeln, die für das Zusammenleben der Individuen erforderlich sind und die Regeln, nach denen die Einhaltung dieser Regeln gewährleistet wird, sind die Gesetze. Gesetze geben Information über Generationen hinweg weiter, ähnlich wie die Gene.

Identität wird genau genommen nie identisch weitergegeben, sonst gäbe es keinen Fortschritt. Die Identität wird bei ihrer Weitergabe stets durch eine Interaktion verändert.

Dementsprechend schreitet die genetisch bedingte Evolution, deren Gesetzmäßigkeiten Darwin entdeckt hat, relativ langsam voran. Die Evolution der Gesetze ist ähnlich träge wie die Entwicklung der Gene.

Die Funktion der Gesetze besteht darin, den Individuen Grenzen zu setzen. Der entstandene Handlungsspielraum der menschlichen Individuen wird sofort wieder eingeengt. Dies wird im individuellen Leben bereits den Kindern von den Eltern vermittelt (Rogge 1995). Allerdings entsteht durch Anpassung an diese Vorschriften auch ein neuer - gesetzlich geschützter und daher angstfreier - Handlungsspielraum für das System Mensch (siehe Kapitel 4).

Die Individuen (Systeme Mensch), aus denen sich ein Staat (System Staat) zusammensetzt, haben natürlich unterschiedliche Fähigkeiten und Charaktere. Die Mehrheit der Individuen verdient sein Geld durch Einsatz ihrer Muskelkraft und durch handwerkliches Geschick. Dieser Teil der Bevölkerung neigt eher dazu, sich mit der Größe, der wirtschaftlichen Kraft und der politischen Macht des Systems Staat zu identifiziert, um auf diese Weise sein individuelles Selbstwertgefühl zu erhöhen. Dieser Bevölkerungsteil ist daher auch eher staatstragend und konservativ. Er wird durch Veränderungen des Systems Staat verunsichert (z.B. Erhöhung der

Staatsschulden, Zustrom von fremdartigen Individuen, Nachlassen der Wirtschaftskraft usw.). Er tendiert dazu, das System Staat so zu belassen, wie es ist. Eine Minderheitsgruppe innerhalb des Systems Staat stellen die Intellektuellen dar. Diese befriedigt ihr Selbstwertgefühl schwerpunktmäßig durch die Suche nach dem Neuen, dem Fremden. Sie verkörpert im Staat das, was im Individuum die Neugier ausmacht, der Trieb, die Grenzen des Systems zu durchlöchern (siehe Kap. 2.10 bis 2.12). Diese Gruppierung ist mit der ideologischen Grundlage des jeweiligen Systems Staat wenig identifiziert und speist ihr Selbstwertgefühl aus der Identifikation mit Ideen, die der herrschenden Ideologie fremd sind, eventuell mit staatsübergreifenden Ideen. Daher ist diese Gruppierung nicht staatstragend, sondern wirkt ihrerseits eher destabilisierend auf das System Staat und wirkt dann entwicklungsfördernd, wenn es um die Umstrukturierung oder Neustrukturierung eines Systems Staat geht.

3.18.
Die Leitung eines Staates

Lebende offene begrenzte Systeme benötigen eine Leitung, eine Steuerung. Dies ergibt sich zwangsläufig aus ihrer Eigenschaft zu leben, sich also zu bewegen, zu handeln. Das Verhalten lebender Systeme höherer Ordnung wird letztlich über die Gene der Individuen gesteuert. Die Individuen, die ein System „Staat" lenken, treffen ihre Entscheidungen grundsätzlich zunächst im Sinne des Staates, nicht im Sinne der Individuen. Dies wird von den Genen der regierenden Individuen gesteuert. Die Gruppe, der Staat, ist das Produkt der Gene, nicht das Produkt der Menschen.

Tote Systeme haben dieses Problem der Steuerung nicht. Sie steuern jedoch in gewisser Weise die Entwicklung lebender Systeme durch das, was die Evolutionstheoretiker "Selektion" nennen. Es überleben nämlich nur diejenigen lebenden Systeme, die mit den Bedingungen, die von den nicht-lebenden Systemen gesetzt werden, zurecht kommen.

Innerhalb lebender offener begrenzter Systeme findet eine Aufgabenteilung statt, eine Differenzierung.

Es muss ein Subsystem geben, das für Steuerungsaufgaben zuständig ist, für die "Leitung", die Koordinierung, für das Treffen von Entscheidungen über Handlungsziele und -abläufe.

Für das lebende offene begrenzte System Mensch ist dies das Nervensystem, für das lebende offene begrenzte System Gesellschaft, Staat usw. (System höherer

Ordnung) ist dies die Leitung (Regierung, Vorsitz usw.). Diese Leitung stellt für das Individuum Mensch anderseits die Außensteuerung dar. Steuerung ist immer nur zum Teil Selbststeuerung, zum anderen Teil Fremdsteuerung. So gesehen ist die Selektion eine Außen- oder Fremdsteuerung.

Die Gesetze (Verfassung, Grundgesetz) sind einerseits das Selbststeuerungsorgan des Systems Staat und dienen andererseits der Außensteuerung des lebenden Systems "menschliches Individuum".

Historisch gesehen wurde diese notwendige Differenzierung von den Individuen einer Gesellschaft (also von den Menschen) zunächst als von "Gott" gegeben angesehen. Die Leitung oblag zunächst "Medizin-männern" und ähnlichen Individuen, später dem "König".

Inzwischen wird die Regierung von den Individuen gewählt (in "Demokratien") und in der Regel von sogenannten "Politikern" ausgeübt, die sich in verschiedenen "Parteien" zusammenschließen. Solche gewählten Regierungssysteme haben den Vorteil, dass immer die aggressivsten Individuen das System Staat regieren. Wird die Regierung durch Erbfolge geregelt, tritt häufig der Fall ein, dass der Sohn eines Herrschers ein weicher Typ ist, der Skrupel hat. Dies gefährdet die Selbsterhaltung des Systems Staat und könnte der Selbstentfaltung des Staates schaden. Praktisch sind alle derart regierten Systeme auch zugrunde gegangen. Die Überlebensmöglichkeiten der demokratisch regierten Systeme sind besser, weil der demokratischen Wahl ein Auswahlverfahren vorangeht, das nicht durchsetzungsfähige Individuen von der Kandidatur fernhält. Nur die Individuen und die Parteien, die sich durch besondere Rücksichtslosigkeit und Skrupellosigkeit hervorgetan haben und die Fähigkeit haben, diese Brutalität der Bevölkerung gegenüber zu verbergen, können sich zur Wahl stellen und werden gewählt. Der Wille des Wählers ist stets das, was die Genpopulation will. Deshalb ist der demokratische Wahlkampf auch nicht rational und argumentativ, sondern appelliert an die Instinkte der Individuen, an die Gene der Systeme Mensch und deren Willen.

Andererseits erlangen die Individuen jedoch durch dieses demokratische Wahlverfahren eine Einflußmöglichkeit über die Organisation, die Ziele und Handlungen ihres Staats-systems.

Die "Regierung" wird auch nicht mehr als von Gott gegeben angesehen - obwohl ihre Notwendigkeit nach wie vor naturgesetzlich gegeben ist. Das lebende System Staat ist ohne eine Regierung nicht vorstellbar und nicht existenzfähig. Die Regierung als solche kann nicht abgeschafft werden. Sie kann nur durch eine andere ersetzt werden.

Dies wurde bisweilen von den Individuen, aus denen sich ein System "Staat" zusammensetzt, vergessen, oder nicht beachtet. Es hat noch keine "Revolution" gegeben, die die Regierung abgeschafft hat. Die Menschen experimentieren bis heute lediglich mit verschiedenen Möglichkeiten des Regiertwerdens, mit verschiedenen Regierungssystemen.
Auch die Demokratie als Staatsform ist ein Produkt der Gene.
Meiner These zufolge ist die Entstehung der Demokratie natürlich nicht die Schöpfung der Menschen, der menschlichen Individuen. Sondern nach meiner Theorie haben die Gene die Demokratie entwickelt. Möglicherweise ist die Demokratie auch bereits als Kompromissbildung zwischen den Interessen der Gene (des Systems Staat) und der Interessen des Systems Mensch. Jedenfalls befriedigt die Demokratie auch die Interessen der Genart.
Eine Staatsform, in der eine Person regiert (z.B. Monarchie), ist für die Interessen der Gene sehr gefährlich. Diese Person ist ja ein Individuum. Deshalb besteht die Gefahr, dass sie Entscheidungen trifft, die den Individuen nützen. Das Volk als Summe der Individuen handelt jedoch als Gengemeinschaft, als Art. Das Volk wählt, wenn es frei wählen kann, deshalb mit gesetzmäßiger Sicherheit immer die Regierung, die die Interessen des Volkes, also der Gene, der Art, vertritt. Es handelt sich bei dieser Regierung zwar auch immer um Individuen, die regieren. Sie könnten also ihre Meinung ändern und plötzlich doch die Interessen der Individuen vertreten. Erstens sind es jedoch in der Demokratie immer mehrere Individuen, so dass ein Meinungswechsel eines Individuums sich nicht so leicht zum Nachteil der Gene auswirken kann (Vorteil einer Vielmännerregierung und der Gewaltenteilung). Zweitens gibt es bald wieder eine Wahl, die einen Mißgriff zugunsten der Individuen korrigieren kann.
Das Ergebnis demokratischer Wahlen zeigt die Richtigkeit meiner Hypothese. Die Politiker, die die Regierung übernehmen, werden auch stets auf die Verfassung vereidigt oder darauf, dass sie Schaden vom Volk abwenden usw.. Sie werden aber nie darauf vereidigt, den Individuen zu nützen. Kaum sind sie an der Regierung, unterstützen sie das Militär ihres Landes oder befehlen sogar Krieg. Irgendwie scheint auch das Regierungsamt Einfluß auf das Denken zu haben. Dies ist rational nicht zu erklären. Ich erkläre es mit dem Einfluß der Gene. Andererseits werden Regierungen, die Schritte zur Auflösung eines Staates einleiten, sofort abgewählt.

3.19.
Der Kommunismus und sein Scheitern

Es gab und gibt Philosophen, die eine sogenannte "klassenlose" Gesellschaft propagierten bzw. propagieren.
Bei Verwendung dieses Begriffes muss man sich aber stets vergegenwärtigen, dass mit "Klasse" stets nur die Klasse der Produktionsmittelbesitzer und die Arbeiterklasse (Karl Marx) gemeint sind, nicht etwa eine Klasse von Regierenden und Regierten. Klassenlos bedeutet in diesem Sinn lediglich, dass das Eigentum an Produktionsmitteln abgeschafft wird. Selbstverständlich muss aber eine Gesellschaft, in der das Eigentum an Produktionsmitteln abgeschafft ist, auch Regierende und Regierte haben. Wie die Geschichte gezeigt hat, waren in derartigen Gesellschaften die Parteifunktionäre die Regierenden und die sonstigen Individuen die Regierten.
Warum ist diese Gesellschaftsform gescheitert?
Ein lebendes offenes begrenztes System, auch ein "kommunistischer" Staat, muss zwei Aufgaben erfüllen: er muss überleben (Selbsterhaltungsregel) und er muss sich vergrößern (Selbstentfaltungsregel).
Dies funktioniert offensichtlich nur dann, wenn auch die Individuen, aus denen sich ein derartiges lebendes offenes begrenztes System zusammensetzt, die Möglichkeit der Selbsterhaltung und der Selbstentfaltung haben. Warum sollte sich ein System entfalten, vergrößern, wenn sich seine Teile nicht vergrößern?
Das System "Mensch" hat auch nur deshalb die Tendenz, sich zu entfalten, weil es sich ständig verändert, neu bildet und wächst. Es werden ständig neue Zellen jeglicher Art (außer Gehirnzellen) gebildet, alte sterben ab. Das System ist offen und befindet sich in einem dynamischen Gleichgewicht.
Die kommunistischen Staatssysteme waren nicht offen. Sie haben versucht, sich gegen die "kapitalistischen" Staatssysteme abzuschotten. Und die sie Regierenden wollten das Privateigentum an Produktionsmitteln sowie das Geld abschaffen. Sie wollten eine "Gleichheit" der Individuen.
Ich möchte bei meiner Erklärung einmal bei letzterem anfangen, der Gleichheit. Die Natur funktioniert nach dem Gesetz der Evolution, der Entwicklung, nach dem Gesetz der Selbstentfaltung. Für Entwicklung (Evolution) ist jedoch Differenzierung, die Betonung der Unterschiedlichkeiten, Voraussetzung. Im zweiten Kapitel habe ich von dem Gesetz der Individualität gesprochen, das sich aus logischen Gründen bereits auf der Stufe der Elementarteilchen bemerkbar machen muss.

Die ungeschlechtliche Vermehrung im ursprünglichen Pflanzenreich führt zur ständigen Wiederholung des Gleichen (Prinzip der Selbsterhaltung). Bereits im Pflanzenreich bildete sich aber die zusätzliche Möglichkeit der geschlechtlichen Vermehrung. Diese Möglichkeit, die nämlich damit verbunden ist, dass sich die Nachkommen systematisch unterscheiden, führt zu einem enormen Fortschritt der Evolution. Vorher war Veränderung nur durch Mutation möglich. Nun können sich Tiere entwickeln.

Beim System Mensch ist es auch so: das Individuum betont stets das, was es von anderen Individuen unterscheidet. Jedes Individuum neigt dazu, seine Besonderheiten zu entfalten, durch die es sich von anderen abhebt. Deshalb bezeichne ich das Prinzip der Selbstentfaltung auch so. Der Mensch definiert das, was er als Individualität erlebt, sein "Selbst", nicht an dem, was er mit allen Menschen gemeinsam hat, sondern anhand dessen, was ihn von anderen unterscheidet. Dies ist ein Prinzip der Evolution. Betont und infolgedessen entwickelt wird nicht das Gemeinsame, sondern das Besondere. Durch die Entfaltung dessen, was das Individuum als etwas besonderes von anderen unterscheidet, wird das Individuum mit dem Erleben narzisstischer Befriedigung belohnt. Dieses Belohnungsprinzip ist genetisch verankert und kann demnach nicht abgeschafft werden.

Ein Staatssystem, das die Individuen gleich machen will, muss scheitern, weil es gegen das Gesetzt der Evolution verstößt. Gleich dürfen - und müssen! - die menschlichen Individuen nur vor den Gesetzen sein, die das Zusammenleben regeln. Auch die Ungleichbehandlung der Menschen ist ein Faktor, der mit der Existenz eines lebenden Systems Staat kollidiert.

3.20.
Das Geld

Im Verlauf der Evolution des Menschen ist ein Mittel entstanden, mit Hilfe dessen der Mensch seine Entfaltungsmöglichkeiten enorm vervielfältigt. Der evolutionäre Sprung, den dieses Mittel ermöglicht, ist vergleichbar mit der Schaffung der geschlechtlichen Vermehrung.

Dieses Mittel ist das Geld und die damit verbundene Erweiterung des Eigentumsbegriffs.

Als Eigen-tum wird ursprünglich - genetisch verankert - das erlebt, was zum Individuum gehört. Was zum Selbst, zum Individuum gehört, ist sein eigen, sein Eigen-tum. Mit besonderer Betonung auf dem, was das Individuum von anderen

Individuen unterscheidet (s.o.). Zunächst ist nur sein Körper sein Eigentum. Selbstentfaltung ist die Entfaltung und Vervollkommnung von Fähigkeiten und Fertigkeiten mit Hilfe des Körpers, einschließlich des Gehirns mit seinen Fähigkeiten.

Geld ist eine typisch menschliche Möglichkeit, sich individuell zu gestalten, zu entfalten. Der Erwerb von Geld bedeutet den Erwerb zusätzlicher Selbstentfaltungsmöglichkeiten. Dinge, die nicht zum Körper gehören (Kleidung, Schmuck, sonstiges), gehören dennoch zum Selbst und können nicht nur durch eigene Herstellung, sondern durch Kauf (ursprünglich Tausch) erworben werden, der Eigentumsbegriff ist damit entstanden (siehe unten, Kapitel 4).

Die Tendenz, alles zu nutzen, was der Selbstentfaltung dienlich ist, ist eine genetisch verankerte Tendenz, die eine Gesetzmäßigkeit der Evolution darstellt. Das Geld (als Tauschmittel für Waren, die einem dann gehören) wird in den Dienst der Selbstentfaltung gestellt und erweitert die Möglichkeiten der Selbstentfaltung des Individuums über die eigenen Fähigkeiten und Fertigkeiten hinaus. Das Geld ist auch, in Zusammenhang mit den erforderlichen Gesetzen, die sich das System "Staat" (Gesellschaft) mit der Einführung des Geldes schafft, ein Mittel, Gewalt zu bannen. Vor der Einführung des Geldes war die Erweiterung der Individualität, die Selbstentfaltung, natürlich auch möglich, und zwar dadurch, dass anderen etwas weggenommen wurde, auch dem Nachbarstamm. Der körperlich Stärkere setzte sich durch. Auch dies kann natürlich "moralisch" begründet werden. Der Stärkere schützt ja die Schwächeren einer Gemeinschaft (später auch der Fürst, der Ritter). Damit begründete er wohl die Aneignung materieller Dinge (z.B. "Steuerhebung"). Der Tausch war auch eine Möglichkeit, eigene Fähigkeiten und Selbstentfaltung dadurch zu erweitern, dass man sich auch das an-eignen konnte, was ein anderer produzierte.

Geld ist sozusagen ein "Kapital", das die Erweiterung des Selbst des Systems Mensch in alle denkbaren Richtungen ermöglicht, ein ungeformtes und formbares Selbst.

Daneben hat wird das Geld allerdings vom System Staat zur gegenteiligen Funktion benutzt: sein Entzug schränkt Entfaltungsmöglichkeiten des Individuums ein. Es ist - von der Seite des Staates aus betrachtet - ein Mittel, Handlungsspielräume zu begrenzen. Das System Staat muss die unendliche Vielzahl möglicher Verhaltensweisen seiner Individuen berechenbarer machen. Dafür benutzt es Schulen und Universitäten als Trivialisierungsmittel (von Foerster), und eben auch die Begrenzung der Geldmenge. Für die durch Geld ermöglichte Selbstentfaltung benötigt man neben Geld noch etwas anderes, was schicksalhaft nur in begrenzter

Menge zur Verfügung steht, nämlich Zeit. Über die Verbindung von Zeit und Geld und deren Verknüpfung durch Arbeit habe ich mich an anderer Stelle geäußert (s. dort).

Was ich in diesem Zusammenhang sagen wollte, ist: Eine Abschaffung des Geldes bedeutet eine Verminderung von Selbstentfaltungsmöglichkeiten und läuft dem Gesetz der Evolution des menschlichen Geistes zuwider. Was der Evolution des Individuums Mensch zuwiderläuft, muss gesetzmäßig auch der Evolution des lebenden offenen begrenzten Systems Staat zuwiderlaufen.

Die kommunistischen Staaten haben den Versuch unternommen, das Gesetz der Evolution außer Kraft zu setzen. Daran sind sie letzten Endes gescheitert. Sinnvoll wäre dies nur dann gewesen, wenn der ("kommunistische") Staat seinen Individuen andere Entfaltungsmöglichkeiten eröffnet hätte und somit die Einschränkungen auf die Entfaltungsmöglichkeiten, die das Geld mit sich bringt, aufgehoben hätte. Eine neue Kreativität, die ohne dieses Steuerungsmittel Geld hätte entstehen können, ist nicht intendiert gewesen. Das Geld als Zahlungsmittel ist ja auch nicht abgeschafft, sondern lediglich abgewertet worden. Es sind außerdem Leitungsfunktionen, die vorher im Kapitalismus effizienter wahrgenommen wurden, durch die Vergesellschaftung der Produktionsmittel uneffektiver gemacht worden.

Hinzu kommt, dass sich die kommunistischen Staatssysteme gegen einen Austausch mit den kapitalistischen Systemen gesperrt haben und zu Geschlossenheit tendierten. Auch dieses widerspricht dem Gesetz der Evolution lebender offener begrenzter Systeme. Ein System, das leben will und sich entwickeln will, muss offen sein. Ein geschlossenes System stirbt in kurzer Zeit. Genauso würde das System Mensch sterben, wenn es versuchen würde, seinen Stoffwechsel durch Anhalten der Atmung oder durch Nahrungsverweigerung abzuschaffen. Der Niedergang der kommunistischen Staaten ist also eine Folge ihres Versuchs, evolutionäre Errungenschaften (z.B. Geld) abschaffen zu wollen, ohne neue evolutionäre Möglichkeiten anzubieten.

Die Führungsriege der kommunistischen Staaten war in ihrem Denken und Handeln offensichtlich zu konservativ und unkreativ, um der Evolution eine andere Richtung geben zu können. Geäußert hat sich dies darin, dass die Menschen aufgrund der Abschaffung des Privateigentums an Produktionsmitteln und des Geldes nicht leistungsmotiviert waren und sich die Systeme dadurch nicht entwickeln und entfalten konnten. Wenn die Individuen keine Leistung erbringen und sich nicht entfalten können, kann sich auch der Staat, in dem sie leben, nicht entfalten und entwickeln und geht zugrunde.

Die Individuen verlassen dieses Staatssystem und flüchten in Gesellschaftssysteme, die ihnen Entfaltungsmöglichkeiten durch Geld bieten, ihnen eine Evolution ermöglichen.
Das Geld (und die Zeit) und die Waren (Marx) spielen im lebenden offenen begrenzten System "Staat" etwa die Rolle, die der Sauerstoff (die roten Blutkörperchen) und die Nahrungsmittel für das lebende offene begrenzte System "Mensch" spielen.
Im Unterschied zum Sauerstoff nimmt der Geldwert allerdings nicht durch ihren Verbrauch (durch Kauf von Waren) ab. Er bleibt konstant, wechselt nur seinen Eigentümer. Der Käufer tauscht einen ungeformten Teil seines Selbst in einen geformten Gegenwert und entfaltet (materialisiert, vergegenständlicht) dadurch sein Selbst. Durch Arbeitsleistung wird die Geldmenge (Mehrwert bei Marx) sogar vergrößert.
Einerseits ist dies genial und fördert die Evolution, andererseits ist es jedoch problematisch, weil eine direkte Gegenregulation fehlt. Das lebende offene begrenzte System Pflanzenreich wird durch das lebende offene begrenzte System Tierreich gegenreguliert und umgekehrt. Das Pflanzenreich produziert Sauerstoff und Glukose und verbraucht Kohlenstoff, das Tierreich verbraucht den "Abfall" Sauerstoff und produziert Kohlendioxid. Der Mensch produziert mit Hilfe des Mittels "Geld" (Katalysator?) letzten Endes Produkte, die niemand verbraucht oder abbaut (Plastik, Radioaktivität) und entzieht sich dadurch seine Lebensgrundlage. Er hat noch keinen Gegenspieler, der ihn klein hält. Diese Aufgabe muss er selbst übernehmen, was aber den Gesetzen der Evolution zuwiderläuft. Es sei denn, der Mensch bequemt sich, die Masochismusregel auf sich anzuwenden (siehe Kapitel 2).

3.21.
Die Selbstentfremdung

Noch ein Wort zum "Selbst" in seiner Geldform. Marx stellte die Hypothese auf, dass der Mensch, der für einen anderen arbeitet, dem die Produktionsmittel gehören und der sich den Mehrwert aneignet, sich von sich selbst, seiner Menschlichkeit, entfremdet. Richtig ist, dass ihm die Produktionsmittel nicht gehören; sie sind nicht sein Eigentum. Sie sind Eigen-tum des "Kapitalisten" bzw. dessen Bank. Durch seine Tätigkeit in einer Fabrik nimmt der Arbeiter an der Herstellung eines Dinges Teil, das er allein nicht produzieren könnte. Dafür verzichtet er für die Dauer der Arbeitstätigkeit auf narzisstische Befriedigung, die er umsonst bekommen könnte

(z.B. durch Geschlechtsverkehr). Als Gegenleistung erhält er eine Geldmenge. Soweit er die Geldmenge einsetzen muss, um seinen Lebensunterhalt und den seiner Familie zu sichern (Essen, Wohnen), handelt es sich um Zeit, die er für seine Selbsterhaltung benötigt. Geld ist insoweit anfaßbare Selbsterhaltung. Die darüber hinausgehende Geldmenge ist die oben erwähnte ungeformte und formbare Möglichkeit der Selbstentfaltung. Sie dient der Erweiterung und Vergrößerung seines Selbsts, der Selbstverwirklichung des Individuums (des Arbeiters wie des Fabrikbesitzers). Zum Individuum komme ich jedoch erst weiter unten (Kapitel 4).
Er kann die Geldmenge aber auch zur momentanen Erhöhung seines Selbstwertgefühls (durch Genuß) einsetzen. Dies wäre ebenfalls eine Möglichkeit der narzisstischen Befriedigung.
Unter diesem Gesichtspunkt entfremdet sich der Arbeiter also nicht von seinem Selbst, sondern erhält durch Arbeit die Möglichkeit der Selbstentfaltung (indem er sich von seinem Verdienst Dinge anschaffen kann, die ihm gehören, die zu seinem Selbst gehören und dieses vergrößern) und die Möglichkeit der Selbstwertgefühlserhöhung (durch die Möglichkeit des Genusses von Konsumgütern).
Oben habe ich bereits erwähnt, dass der Gesellschaft (dem System Staat) Geld dazu dient, die grundsätzlich unendlich vielen neuen Handlungsmöglichkeiten des Individuums zu reduzieren und die Handlungen der Individuen berechenbarer zu machen. Im System Mensch wird das Zellwachstum durch die Wachstumstendenzen der Nachbarzellen gegenreguliert. Diese Regulation erfolgt durch Transmittersubstanzen oder ähnlichem. Das Wachstum (die Selbstentfaltung) der menschlichen Individuen in einem Staatssystem wird durch die Verteilung des Geldes reguliert. Diese Verteilung des Geldes (und schicksalmäßig als zweiter Faktor die Zeit) reduziert die ursprünglich unendliche Zahl vorhandener Selbstentfaltungsmöglichkeiten des lebenden Systems Mensch. Der Staat benutzt die Verteilung des Geldes dazu, die Handlungsmöglichkeiten des Individuums einzuschränken und seine Handlungen in den Dienst des Staates (der Genart) zu stellen.
Ein weiterer Gesichtspunkt, der zum narzisstischen Gewinn durch Arbeit gehört, muss noch hinzugerechnet werden: durch eine Identifikation mit dem Betrieb und dessen Produkt, an dessen Herstellung der Arbeiter mitgearbeitet hat, kann er zusätzlich sein Selbstwertgefühl steigern. Auch dies ist ein genetisch verankerter psychischer Mechanismus. Das System niederer Ordnung (Mensch) als Teil eines Systems höherer Ordnung (Fabrik) identifiziert sich mit diesem größeren und mächtigeren System (Objekt). Die damit verbundene Steigerung des Selbstwertgefühls ist das Bindemittel, das ihn an das höhere System (Fabrik, Verein, Staat) bin-

det. Er darf dadurch an der Erfolgen des Systems höherer Ordnung, dessen Teil er ist, teilnehmen. Hat dieses System höherer Ordnung keine Erfolge, so nimmt auch die Identifizierung des Individuums mit ihm ab, weil sie nicht mit einer Steigerung seines Selbstwertgefühls verbunden ist. Das System höherer Ordnung zerfällt. So ist es mit einer Fabrik, die Verluste macht und einem Staat, mit dem sich die Individuen nicht identifizieren, weil eine derartige Identifizierung ihr Selbstwertgefühl nicht steigern würde. Diese Identifizierung erklärt auch, warum Arbeiter einer Fabrik sogar Einkommensverluste hinnehmen würden, wenn dadurch die Weiterexistenz der Fabrik gewährleistet wird und damit ihr Selbstwertgefühl nicht gekränkt wird (Vermeidung narzisstischer Kränkung als Folge einer Betriebsschließung). Die Fabrikleitung (das Management) und der Fabrikeigentümer bilden also eine Interessengemeinschaft (ein System) mit den Arbeitern bezüglich der Möglichkeit der Selbstwertgefühlssteigerung und der Selbstentfaltungsmöglichkeiten.

Marx hat offensichtlich "Menschlichkeit" mit einer idealisierten Vorstellung vom Urmenschen gleichgesetzt, von der sich der Arbeiter durch seine Selbst-entfremdete und entfremdende Tätigkeit weiter entfernt, "entfremdet". Natürlich entfernt sich der Mensch immer weiter von seiner Urmenschlichkeit, die im übrigen auch mit einer starken körperlichen Gewaltanwendung verbunden war. In dieser Urmenschlichkeit war jedoch das System Mensch noch gar nicht als eigenständiges System existent. Der Mensch existierte ursprünglich lediglich als Element seiner Gruppe, als Teil eines übergeordneten Systems, dessen Handlungen rein gengesteuert war. Eigensteuerung ist ja erst mit der Bildung des Systems menschliches Individuum durch das Mittel der Sprache möglich geworden. Der Mensch bleibt nicht der, der er mal war, sondern er entwickelt sich und entfaltet neue Seiten und Möglichkeiten seiner Existenz. Er setzt der genetischen Evolution eine geistige Evolution entgegen (siehe Kapitel 5). Das ist in meinen Augen keine Selbstentfremdung, sondern eine Entwicklung hin zur Identität des Systems Mensch.

Richtig ist allerdings die Verelendungstheorie. In dem Moment, in dem der Lohnarbeiter nur soviel Lohn erhält, dass er gerade seine physische Existenz reproduzieren kann, fällt der Aspekt der Selbstverwirklichung völlig weg. Der Lohn (und die Freizeit) reicht gerade aus, um die Selbsterhaltung zu gewährleisten. Bereits dieser Wegfall der Selbstverwirklichungsmöglichkeit schafft narzisstische Kränkung (Unzufriedenheit) und ein aggressives (revolutionäres) Potenzial. Eine derartige "Ausbeutung" des Systems Mensch ist derzeit in den Industrieländern nicht gegeben. Ausgebeutet wird hier vielmehr der Forscherdrang der Menschen,

die sich mit der Selbstverwirklichung durch Befriedigung ihres intellektuellen Interesses der Grenzüberwindung (Kap. 2.10.) zufriedengeben. Das, was diese Individuen an Selbstverwirklichungsmöglichkeiten für das System Menschheit erschaffen, eignen sich die Systeme Staat an, ohne den Erfindern den Gegenwert in Geld auch nur annähernd zu erstatten.
Hierin besteht die eigentliche Ausbeutung des Systems Mensch durch das System Staat. Dies korreliert natürlich mit dem Desinteresse dieses Menschentyps an einer Selbstverwirklichung in Form einer Vergrößerung ihrer materiellen Grenzen.

3.22.
Die Revolutionstheorie lebender Systeme

In einem Punkt haben Marx und Engels recht: eine Verelendung der "Arbeiterklasse" birgt natürlich ein revolutionäres Potenzial. Verelendung ist ja mit narzisstischer Kränkung, Verminderung des Selbstwertgefühls verbunden. Dies aktiviert aggressives Verhalten. Wer kein Geld hat, um sein Selbst zu vergrößern, muss auf archaische Möglichkeiten der Selbstwertsteigerung zurückgreifen. Revolutionen brechen jedoch nicht wegen des antagonistischen Gegensatzes zwischen Klassen der Gesellschaft aus, sondern weil ein großer Teil der Bevölkerung an einem zu geringen Selbstwertgefühl leidet und die Ursache dafür darin sieht, dass andere - die "Herrschenden" - ihnen ihre Selbstentfaltungsmöglichkeiten dadurch wegnehmen, dass diese sich unberechtigterweise zuviel Geld (=Selbstentfaltungs-möglichkeiten) selbst aneignen.
Im übrigen neigt das System Mensch auch dazu, sich mit dem "Schönen" zu identifizieren. Eigentlich ist es soherum: die Dinge, deren Anblick und Erleben zu einem Befriedigungsgefühl, einer besonderen Art narzisstischer Befriedigung, führen, werden als "schön" empfunden. Es besteht eine Affinität zu derartigen Dingen, derartige Dinge werden psychisch vereinnahmt und steigern das Selbstwertgefühl. Was als häßlich erlebt wird, wird vermieden und nicht als wert erachtet, in das Selbstsystem aufgenommen zu werden. Auch dieser Mechanismus hat zum Untergang der DDR beigetragen. Der Anblick von Trabbis und verfallener Häuser und Straßen vermindert des Selbstwertgefühl und wirkt der Identifikation mit dem System Staat entgegen, ist diesbezüglich "kontraproduktiv".
Nach jeder Revolution wird es immer ein Gesellschaftssystem geben, in dem es eine Aufgabenteilung gibt. Nicht jedes Individuum Mensch innerhalb dieses Systems kann alles tun. Eine Aufgabe für jedes lebende System ist die der Leitung. Auch in einem lebenden offenen begrenzten System höherer Ordnung - einem

Staat, oder auch der Menschheit als Ganzem - wird es Menschen geben, die Leitungs- und Organisationsfunktionen haben. Die allgemeine Wahl dieser Individuen aus der Gesamtheit der Menschen, das Rechtssystem mit dem staatlichen Monopol der körperlichen Gewaltanwendung und die Gewaltenteilung der Staatsgewalten, sind Regeln, die sich bisher bewährt haben. Es wird jedoch in Zukunft darauf ankommen, zu verhindern, dass sich die Regierenden unangemessen viel Geld aneignen und den Regierten dadurch Selbstentfaltungsmöglichkeiten wegnehmen. Ein derartiges lebendes System höherer Ordnung kann nur so lange existieren, wie es der großen Mehrheit seiner Individuen Selbstentfaltungsmöglichkeiten bietet, bzw. Entfaltungsmöglichkeiten nur nach Regeln einschränkt, die für alle gelten.

Ein wichtiger Teil dieser Einschränkung von Selbstentfaltungsmöglichkeiten wird durch das Strafrecht der Staaten vollzogen. Durch den Entzug von Freiheit (Freiheitsstrafen) oder Geld (Geldstrafen) werden die Selbstentfaltungsmöglichkeiten der betroffenen Individuen reduziert, eventuell auf null gesenkt (Todesstrafe). Diese Sanktionen erfolgen in der Regel im Namen des Volkes. Sie müssen begründet sein. Sie müssen grundsätzlich auch auf alle Individuen angewendet werden (Gleichheit vor dem Gesetz). Diese Voraussetzungen sind unentbehrlich, wenn das System Bestand haben soll. Werden sie unterminiert, kann das zu einer Destabilisierung des Systems Staat führen.

Zu einer Revolution kommt es, wenn die Mehrheit der Individuen eines Staates an einem Mangel ihres Selbstwertgefühls und ihrer Selbstentfaltungsmöglichkeiten leidet. Dies kann eine Ursache darin haben, dass eine Minderheit ihnen diese Möglichkeiten der Selbstwertgefühlssteigerung und der Selbstentfaltung entzieht, z.B. dadurch, dass sich diese Minderheit den Großteil des Geldes aneignet oder/und sich nicht den bestehenden Gesetzen unterwirft (bzw. unterworfen wird). Ungleichheit der Selbstentfaltungsmöglichkeiten und Selbstwertgefühlssteigerungsmöglichkeiten und der dadurch entstehende Neid destabilisiert das lebende System Staat.

Einschränkungen von Entfaltungsmöglichkeiten werden nur dann von allen Individuen akzeptiert, wenn sie auch für alle gleichermaßen gelten. Die Regeln, nach denen die Anzahl der Selbstentfaltung reduziert werden, müssen für alle Individuen gelten und auch für alle angewendet werden.

Für die Individuen einer Gesellschaft, die Leitungsfunktion haben, besteht immer die Versuchung, diese Funktion dazu zu mißbrauchen, ihre persönlichen Entfaltungsmöglichkeiten zu steigern, indem sie sich mehr Geld aneignen, als er den Regeln entspricht, oder dass sie die Geldverteilungsregeln zu ihren Gunsten

ändern. Ist dies der Fall, führt das zu Unzufriedenheit, Neid und Aggressivität. Es bildet sich ein revolutionäres Potenzial.
Die Aufgabe einer Regierung (Leitung) besteht darin, die Einschränkung der Selbstentfaltungsmöglichkeiten annähernd gleichmäßig auf alle Individuen zu verteilen und dafür zu sorgen, dass diese Reduzierung nach allgemeinverbindlichen Regeln auch für alle Individuen praktiziert wird. Erfüllt die Leitung eines lebenden Systems Staat diese Aufgabe nicht und eignen sich die Individuen dieser Leitung selbst mehr Entfaltungsmöglichkeiten (Geld, Eigentum) an - was verständlich wäre, weil es den Gesetzen der Evolution entsprechen würde -, wird eine Neuverteilung vorgenommen. Eine Revolution ist eine gewaltsame Neuverteilung von Selbstentfaltungsmöglichkeiten.
Ich habe in den letzten Kapiteln, die sich mit lebenden Systemen höherer Ordnung (System Gruppe, Staat) befassen, stets die Identifizierung mit dem Starken als wichtigen Kern der Identitätsbildung hervorgehoben, da eine derartige Identitätsbildung der Mehrheit der menschlichen Individuen betrifft. Es gibt aber in jedem System Staat auch Individuen, die ihr Selbstwertgefühl nicht aus der Identifikation mit dem körperlich Starken speisen, sondern für die die Befriedigung intellektueller Bedürfnisse im Vordergrund steht. Individuen, bei denen die Neugier, das Bedürfnis, hinter die Begrenzung zu schauen, im Vordergrund steht. Diese identifizieren sich nicht mit staatlicher Macht, sondern mit Ideen. Bei diesen speist sich das Selbstwertgefühl aus der Identifizierung mit neuen und fremden Entfaltungsmöglichkeiten. Die "Intellektuellen" spielen in Staatssystemen mit stabilem Selbstwertgefühl keine Rolle. Ist jedoch das System Staat destabilisiert, dann können die Ideen dieser Intellektuellen dadurch eine Kraft entfalten, dass sie Kerne für eine Identifizierung mit einem neuen System Staat bilden.
Für Umbildungen und Neubildungen von Staaten spielt diese Gruppe eine große Rolle. Eine derartige Funktion hat die Idee eines Deutschen Staates, die von Philosophen (z.B. Fichte) vertreten wurde, bei der Gründung des Deutschen Reiches von 1871 gehabt.

3.23.
Das Zukunftsproblem

Das Problem der Zukunft ist allerdings nicht die Vermeidung von Kriegen und Revolutionen, sondern die Vernichtung der Lebensgrundlage für die lebenden Systeme Mensch durch die Umweltverschmutzung. Kriege und Revolutionen sind ein normaler Vorgang der Evolution lebender Systeme. Durch gewaltfreie Neu- und Umverteilungen von Entfaltungsmöglichkeiten wären derartige Vorgänge steuerbar. Das evolutionäre Gesetz der ständigen Vergrößerung und Ausbreitung führt jedoch gesetzmäßig dazu, dass immer mehr Abfallprodukte dieser Selbstentfaltung menschlicher Systeme produziert werden. Wird keine Lösung für die Reduzierung (z.B. die Verwertung) dieser Abfallprodukte gefunden, wird die Menschheit (das System Menschheit) an ihrem Abfall untergehen. Es werden sich andere lebende Systeme bilden, die dieses Problem besser lösen.

Produziert wird der Untergang der Menschheit dadurch, dass jedes bisherige lebende System "Staat" und auch die Menschheit als Ganzes von Menschen geleitet wird, deren Handlungen und Entscheidungen natürlicherweise und schicksalhafter Weise wesentlich von ihrem Unbewussten gesteuert wird. Hier spielt das Drängen nach Selbstentfaltung eine für die Menschheit tödliche Rolle. Die Leitung haben gerade die Menschen, die aufgrund ihrer Persönlichkeitsstruktur, die im wesentlichen angeboren ist, ein besonders ausgeprägtes Bedürfnis nach Macht und Geltung haben und besonders an der Anhäufung von Geld und materiellem Eigentum interessiert sind. Auch in Demokratien stellen sich besonders derartige Persönlichkeiten zur Wahl oder streben Leitungsfunktionen in der Wirtschaft und in anderen Bereichen an - z.B. auch in der Medizin. Dem persönlichen unbewusst wirksamen ungezügeltem Streben nach Vermehrung des persönlichen materiellen Eigentums wird das Wohl der Menschheit geopfert. Die Entscheidungen, die getroffen werden, werden bestimmt vom Wunsch nach Wiederwahl (Politiker), Festigung der Machtposition usw. und nicht vom Wunsch, die Produktion von Umweltgiften zu beenden. Letzteres wird lediglich soweit propagiert, als es der Machtaufrechterhaltung (der Wiederwahl) dienlich ist.

Das Problem besteht also darin, die Leitungsfunktion von lebenden menschlichen Systemen (Staaten, Wirtschaftsunternehmen usw.) Individuen zu übertragen, die nicht nach Macht und Reichtum streben. Dies haben auch die alten griechischen Philosophen schon erkannt, ohne dass sich etwas daran geändert hätte.

Die bisherigen Versuche, eine Änderung herbeizuführen, waren unzureichend. Sie liefen immer darauf hinaus, die Leitungsschicht mit Gewalt abzuschaffen (z.B. französische Revolution, russische Revolution mit Errichtung einer "Diktatur des Proletariats"). Es wurde jedoch immer wieder eine neue Leitung installiert.

Anders geht es auch nicht. Eine Leitung muss sein.

Auch durch allgemeine Wahlen ist es nicht gelungen, Individuen in politische Leitungsfunktionen zu bringen, die andere Persönlichkeitsmerkmale haben. Im Gegenteil: die Kandidatenauslese bei freien Wahlen begünstigt aggressive und rücksichtslose Individuen, also diejenigen, die andere besonders gut verdrängen. Von diesen besonders fähigen Leitungspersonen wählen die Wahlberechtigten natürlich den stärkeren Kandidaten (oder seine Partei). Auf diese Weise garantieren Demokratien stets eine besonders rücksichtslose Führung, während es in Königreichen mit Erbfolge dazu kommen kann, dass ein Thronfolger weich und nachgiebig ist.

3.24.
Materielle Entwicklungsphasen eines lebenden Systems in der Welt

Ein Kreis mit dem Umfang von 4 cm sei die Welt.
Und zwar der eindimensionale Kreisumfang (nicht der Kreisinhalt). Er muss nicht einmal richtig rund sein, aber eindimensional, eine in sich geschlossene Linie.
In dieser Welt existiere 1 lebendes System. Es sei 1 cm lang, besteht also aus 1/4 der vorhandenen Punkte. Dies ist die Begrenzung des lebenden Systems. Es kann sich bewegen und teilen. Die Bewegung ist seine Selbstentfaltung. Das Fressen ist die Selbsterhaltung.
Hat es so viel Punkte gefressen wie es ursprünglich hatte, teilt es sich (Arterhaltung). Dieser Vorgang des Fressens und ungeschlechtlichen Teilens dauere 1 Sekunde.
Das Spiel beginne.
Erste Phase, Dauer 1 sek.
Das Leben hat sehr viel Freiheit.
Es kann sich in jede mögliche Richtung mit jeder gewollten Geschwindigkeit bewegen. Es kann also alles machen, was es kann und will. Der Freiheitsgrad beträgt unendlich. Es hat also unendlich viele Selbstentfaltungsmöglichkeiten. Das Leben hat nur zwei "Zwänge", es frißt und teilt sich nach 1 sek..
Zweite Phase, Dauer 1 sek (2. Sekunde des Spiels).
Es sind nun 2 Leben. Sie haben viel Freiheit, können aber nicht mehr alles machen, was sie wollen. Wenn sie sich in entgegengesetzte Richtungen bewegen, stoßen sie zusammen. Wenn ihre Bewegungsgeschwindigkeit unterschiedlich ist, stoßen sie zusammen. Sie müssen sich also absprechen, wenn sie nicht zusammenstoßen wollen. Oder sie einigen sich auf eine Richtung und eine Geschwindigkeit. Der Freiheitsgrad des einen Lebens ist durch die Freiheit den anderen Lebens eingeschränkt.

Dritte Phase, Dauer 1 sek (3. Sekunde des Spiels).
Es sind nun 4 Leben. Der Kreis ist voll. Bewegung ist nur noch möglich, wenn sich alle mit derselben Geschwindigkeit in eine Richtung bewegen. Der Freiheitsgrad hat sich innerhalb von 3 Sekunden (2 Teilungsperioden) auf Null reduziert.
Da keine Punkte mehr vorhanden sind, Fressen und Teilung nicht mehr möglich sind, sterben die Leben.
Das Spiel ist also mit Ende der 3. Sekunde beendet.
Jedenfalls ist Fressen und Teilung nicht mehr möglich.
Es existieren keine lebenden Systeme mehr. Bewegung wäre noch denkbar als Bewegung der toten Punkte, und zwar in der Form, dass sich alle Punkte nunmehr in der gleichen Richtung mir der gleichen Geschwindigkeit oder Beschleunigung bewegen.
Das "Leben" hätte also lediglich den Sinn gehabt, die Massenpunkte in Bewegung zu setzen und diese Bewegung zu koordinieren.
Was können wir aus diesem Gedankenspiel lernen?
Erstens:
Das Leben, das derzeit die "Menschen" auf dem Planeten Erde haben, entspricht dem Leben der zweiten Phase in der 2. Sekunde der Existenz dieser lebenden Systeme. Der Freiheitsgrad der Individuen "Mensch" und der Systeme "Staat" ist eingeschränkt durch die Mitmenschen und Mitstaaten.
Demnächst wird der Freiheitsgrad Null betragen und die Systeme vom lebenden in den toten Zustand übergehen.
Ursache dieses drohenden Kollapses ist eine Eigenschaft lebender Systeme, nämlich die, dass sich derartige Systeme immer weiter vermehren.
Diese Vermehrung ist auch zunächst sehr sinnvoll. Ihr Sinn liegt in der Evolution. Tatsächlich handelt es sich ja nicht um eine einfache Vervielfältigung, sondern um eine Vermehrung, die mit einer Veränderung im Lauf der Zeit kombiniert ist (durch Mutation, Neukombination der Gene und Auslese).
Ansonsten würde die Erde nach einiger Zeit mit einer Masse identischer Einzeller gefüllt gewesen sein, die dann nichts mehr zu essen haben - wie im Gedankenspiel.
Tatsächlich funktionierte die Erde bislang nicht so, wie dieses Gedankenspiel zeigt.
Das Gedankenspiel hat die Aggression ausgeklammert.
Tatsächlich bekämpfen sich die real lebenden Systeme gegenseitig und begrenzen dadurch gegenseitig ihre Ausbreitung. "Bekämpfen" ist nicht richtig ausgedrückt: sie konkurrieren um die "Massenpunkte" des Gedankenexperiments und sind in Regelkreisen von Jäger- und Opfersystemen voneinander abhängig.

Für die Menschen sind z.B. Kühe derartige "Massenpunkte". Falls aber Kühe die einzigen wären und diese alle verzehrt werden würden, müssten auch die Menschen aussterben. Die Existenz eines derartigen Systems Mensch wäre also an die Fortexistenz des Systems Kuh geknüpft. Nun gibt es zwar nicht nur Kühe, aber die Menschen haben keine natürlichen Freßfeinde mehr.

Die Menschheit als Ganzes ist dabei, die übrigen selbständigen lebenden Systeme total auszurotten und sich selbst durch Verpestung der Atmosphäre zu vergiften.

Das Gedankenexperiment trifft also auf die Menschheit zu. Das Gleichnis zeigt das Problem. Das Problem besteht in der Begrenzung der Zahl der menschlichen Individuen.

Die Problemlösung bestand bisher in der Durchführung von Kriegen.

Zwar haben auch Seuchen (z.B. die Pest) immer dafür gesorgt, die Zahl der Menschen zu reduzieren. Dagegen haben die Menschen aber stets etwas unternommen.

Für die Reduzierung der Menschenzahl haben sie positiv nur Kriege geführt. Dies hatte aber nie dauerhaften Erfolg: insgesamt hat sich die Anzahl der Menschen ständig vergrößert.

In meinem Gedankenspiel (Gleichnis) habe ich die Lebenszeit der lebenden Systeme nicht begrenzt, sie teilen sich ungeschlechtlich, damit beginnen die neuen Leben. Sie symbolisieren also die Menschheit, die sich in einer bestimmten Zeit verdoppelt.

Die Welt (der Kreis im Spiel) läuft irgendwann mit diesen Systemen voll, so dass der Freiheitsgrad Null wird. Notwendig ist also die Regulierung von Geburtenrate und Sterberate der menschlichen Individuen, wenn das System Menschheit erhalten werden soll.

Die Aufgabe der Menschheit bestände also darin, die Geburtenrate der Sterberate anzupassen. Zunächst müsste die Geburtenrate erniedrigt werden, damit die Anzahl der Menschen auf der Erde sinkt (oder die Sterberate müsste erhöht werden), dann müsste versucht werden, einen Ausgleich zu schaffen (Geburtenrate gleich Sterberate), damit die Menschenanzahl auf niedrigerem Niveau gleich bleibt.

Damit wären Hunger und Kriege überflüssig und der Wohlstand könnte konstant gehalten werden.

Wohlstand und Menschenanzahl sind voneinander abhängig. Steigt die Menschenanzahl, sinkt der Wohlstand, sinkt die Menschenanzahl, steigt der Wohlstand.

Dieser Zustand kann aber nicht erreicht werden, weil die menschliche Natur dabei nicht mitmacht. Diese gehorcht der Ausbreitungsregel (Vergrößerungs-regel,

Selbstentfaltungsregel). Diese führt jedoch - wie gezeigt - zum Untergang der Menschheit, ist also eine Autoaggressionsregel, das, was Freud als Destruktionstrieb bezeichnet hat. Dieses Gleichnis ist natürlich primitiv. Es lässt nur 3 Phasen zu. Tatsächlich ist ein lebendes System selbstverständlich nicht so riesengroß, dass es ein ¼ der Welt umfaßt. Je kleiner lebende Systeme sind, desto mehr Zeit haben sie, sich zu teilen, zu vermehren und sich zu entfalten.

Ich will mit diesem Gleichnis nur zeigen, dass irgendwann einmal Schluß ist mit der Vermehrung.

Deshalb sollte die Menschheit sich überlegen, ob sie nicht selbst ihre Vermehrung steuern will, bevor es aus mit ihr ist, bzw. bevor der Vermehrungstrieb für sie zum Todestrieb geworden ist.

Dieses Gleichnis beantwortet natürlich nicht die Frage, was sich da eigentlich entfaltet. Es zeigt lediglich, dass die Entfaltung für ein lebendes System eine Grenze haben kann. Wenn die Menschheit wollte, könnte sie vermeiden, an diese Grenze zu stoßen. Weiter zeigt dies nichts.

3.25.
Theoretische Lösungsmöglichkeiten

Eine Lösungsmöglichkeit wäre vielleicht, auch Leitungsfunktionen in Wirtschaft und Medizin usw. allgemein - oder von den jeweils Betroffenen - wählen zu lassen. Also: die Arbeiter wählen die Betriebsleitung, die Patienten wählen den Klinikleiter usw..

Eine andere Lösungsmöglichkeit bestände darin, die Leiter oder die Wahlkandidaten von Psychotherapeuten auf ihre Persönlichkeitsmerkmale überprüfen zu lassen und Persönlichkeiten mit besonderem Machtstreben von der passiven Wahl auszuschließen. Eine weitere Möglichkeit bestände darin, die Leitung nicht Menschen, sondern Computern zu überlassen, die so programmiert sind, dass eine Umweltverschmutzung ausgeschlossen ist.

Die grundsätzliche Lösung besteht darin, die Regentschaft der Gene durch die Herrschaft der Individuen abzulösen. Das Problem ist, dass auch die Individuen die Tendenz zur Ausbreitung im materiellen Raum haben, nicht nur die Gene. Deshalb kann es nur ein Überleben geben, wenn die Systeme Mensch sich auf die Ausdehnung im immateriellen Raum beschränken.

Vermieden werden muss jedenfalls, das Geltungsstreben bzw. das Streben nach Vergrößerung seines Selbst (Selbstentfaltung) generell zu beeinträchtigen. Dies geht nicht, wie das kommunistische Experiment zeigt. Die Menschen müssen als

Teil eines größeren Systems die Möglichkeit behalten, ihr Eigentum zu vergrößern (sich zu entfalten, siehe Kapitel 4). Vermieden werden muss lediglich, dass diejenigen, die Leitungsfunktion haben, diese Leitungsfunktion zur persönlichen Bereicherung mißbrauchen. Menschen können dies vermutlich aus Gründen ihren evolutionär vorhandenen Handlungsprogramme nicht. Deshalb sind Menschen zur Übernahme von Leitungsfunktionen wohl nicht geeignet. Oder man müsste verhindern, dass Leitungsfunktionen besonders honoriert werden. In diesem Fall würden sich möglicherweise wenig Bewerber für derartige Funktionen interessieren.
Das Treffen von Entscheidungen bei Leitungspersonen scheint in letzter Zeit besonders ungern vollzogen zu werden. Statt Entscheidungen zu treffen, werden Gutachten in Auftrag gegeben. Dies ist überhaupt nicht verstehbar, da im Falle von Fehlentscheidungen die finanziellen Folgen gar nicht vom Entscheidungsträger getragen werden, sondern von der Allgemeinheit, vom System Staat. Die Leiter (Systeme Mensch) haften nicht für ihre Entscheidungen und Fehlentscheidungen. Komischerweise werden Entscheidungen immer auch unter dem Gesichtspunkt der Kostenersparnis getroffen und entpuppen sich in der Regel im Nachhinein als teurer als erwartet und natürlich als umweltbelastender als teurere Lösungen.
"Umweltbelastung" heißt in diesem Zusammenhang: bei dem Treffen von Entscheidungen werden die Auswirkungen der Entscheidung auf das Gesamtsystem nicht beachtet. Es werden nur die Folgen (Vorteile) für die direkt betroffenen Menschen beachtet, nicht die Konsequenzen für die nicht direkt betroffenen Menschen und die betroffenen anderen lebenden Systeme Staat, mit denen die Menschen ein Gesamtsystem bilden.

3.26.
Die Bedeutung der Systemebene

Nach dem derzeitigen Ergebnis der Analyse des Verhaltens lebender Systeme steuert das System Menschheit seinem sicheren Untergang zu.
Um die Möglichkeit zu eröffnen, dies vielleicht abzuwenden, müssen die Ursachen analysiert werden.
Legt man Freuds Auffassung zugrunde, handelt es sich um die Befriedigung eines Todestriebes. Ich habe bereits in Kapitel 2 eine Opferregel (Masochismus-regel) abgeleitet. Die aus diesen Auffassungen resultierenden Prognosen sind unterschiedlich. Die sich aus meiner Hypothese (Masochismusregel) ergebende Prognose ist ja günstig:
die Menschheit könnte überleben, wenn sie etwas von sich opfern würde.

Aus dem Bericht der World-watch Organisation 1996 geht eindeutig hervor, dass die vom Menschen hervorgerufenen Umweltveränderungen (Wasser-verknappung, Umweltverschmutzung usw.) alsbald unvereinbar mit mensch-lichem Leben werden.

Regionale Politiker steuern die Menschheit in den Untergang, indem sie Steuergelder für die Vernichtung der Menschheit einsetzen.

Zum Beispiel subventioniert die Regierung von Nordrhein-Westfalen die Kohleindustrie und erhöht damit die Kohlenstoffemission, was eine Aktion ist, die den Tod des Systems Menschheit beschleunigt. Im Grunde beschleunigt jedes menschliche Individuum, das ein Auto fährt oder seine Wohnung mit Erdöl oder Kohle heizt, den Untergang der Menschheit.

Der Grund für dieses Verhalten menschlicher Individuen und menschlicher Gruppen (wie Landesregierungen) ist, dass jedes lebende begrenzte offene System u.a. der Verhaltensregel "Selbstentfaltung" gehorcht. Jedes lebende System strebt nach Vergrößerung. Dass es damit die Menschheit vernichtet, ist ihm egal.

Die Vermeidung einer derartigen Menschheitsvernichtung ist nicht in den Verhaltensprogrammen der menschlichen Individuen vorhanden.

Jedes begrenzte System handelt egoistisch, denkt nur an sich. Im Grunde ist jedes lebende System darauf ausgerichtet, eines Tages die Welt zu beherrschen.

Die Möglichkeit, den Untergang der Menschheit zu vermeiden, muss also damit verbunden sein, dass die einzelnen lebenden Systeme der Art Mensch und menschliche Gruppen (Staaten) seine Systemgrenzen erweitert und das System Erde als sein System begreift, dem das menschliche Individuum, die menschlichen Gruppen (Staaten) und die Menschheit als Ganzes nur als Teile angehören.

Für die Systeme "Mensch" bedeutet dies, dass sie sich nicht nur als Individuen und als Teile (Subsysteme) verschiedener Gruppen und eines Staates fühlen, sondern in erster Linie als Miniteilsysteme des Systems "Erde" (mit allen Pflanzen und Tieren). Selbst für das System "Menschheit" hätte dies die Konsequenz, dass sich die Menschheit nicht als Beherrscher des Globus fühlt - wie es z.B. der christliche Glaube impliziert -, sondern dass sich die Menschheit als Teil des Systems "Erde" begreift und dementsprechend handelt.

Mit anderen Worten: es müssen die Systemgrenzen, die Ebene des Systems geändert werden.

Das System "Menschheit" richtet sich deshalb zugrunde, weil es die übrige auf der Erde vorhandene Natur aus sich ausgrenzt und als fremd sich gegenüberstellt. Eine Erweiterung der Systemgrenze auf alles, was zum System "Erde" gehört, würde das Selbstverständnis der Menschen radikal verändern. Die Identität der Menschheit

würde als solche zugrunde gehen. Die Menschheit wäre nur noch ein Teil eines größeren Systems (Erde) und würde die Erde nicht mehr beherrschen. Dies würde eine enorme narzisstische Kränkung der Menschheit darstellen.
Meines Erachtens steht die Menschheit vor dieser Wahl: entweder geht sie völlig unter und macht auf der Erde Platz für die Entwicklung neuer lebender Systeme, die sich in das System Erde integrieren, oder sie integriert sich selbst und nimmt die dazu erforderliche narzisstische Kränkung in Kauf.
Praktisch würde das bedeuten, dass die Menschheit ihr Wachstum kontrolliert und vermutlich reduzieren muss und dass globale Mechanismen eingeführt werden, die regionale Aktionen, die den Untergang der Menschheit beschleunigen, unterbinden. Ansätze zu einer derartig erforderlichen "Weltregierung", die allerdings auch Handlungskompetenzen besitzen müsste und kontrolliert werden müsste, sind ja bereits vorhanden, so dass die Prognose nicht ganz aussichtslos ist.
Funktionieren kann dies allerdings nur, wenn die von einschränkenden Maßnahmen betroffenen Systeme "Staat" andere Möglichkeiten zur Befriedigung ihres Selbstentfaltungsbestrebens erhalten.
Jedes lebende System "Staat" strebt nicht nur danach, sich zu erhalten, sondern auch nach Selbstentfaltung, also danach, seine Einwohnerzahl zu vergrößern und seine Grenzen zu erweitern. Dies führte in der Vergangenheit und in der Gegenwart zu Kriegen. Ist ein System "Staat" nunmehr gezwungen, seine Grenzen und seine Einwohnerzahl beizubehalten, müssen ihm zur Befriedigung seines Selbstentfaltungstriebes auf einem anderen Bereich Möglichkeiten dazu eingeräumt werden. Das System Staat, das System Genpopulation, kann sich jedoch nur im materiellen Raum entfalten. Es müsste also in seiner derzeitigen Form abgeschafft werden. Weiterexistieren könnte das System Mensch, wenn es sich auf die Ausbreitung im geistigen Raum beschränken könnte.
Dies ist im Moment eine reine theoretische Aussage. Die Aufgabe, dies mit konkreten Inhalten zu füllen, möchte ich derzeit an die weiterreichen, die für die Lösung derartiger Probleme bezahlt werden. Vermutlich wird es erforderlich sein, das kriegerische Gegeneinander der einzelnen Staaten und Staatssysteme abzulösen durch ein Miteinander von kooperierenden Staaten, die jeweils bestimmte Funktionen (Aufgaben) innerhalb des Systems Menschheit und des Systems Erde erhalten und wahrzunehmen haben. Die Erledigung bestimmter Aufgaben für das System Erde und das System Menschheit könnte mit einer narzisstischen Befriedigung verbunden sein, die für den Erhalt des narzisstischen Gleichgewichts jedes Staates erforderlich ist. Im übrigen könnte dies auch den Vorteil haben, dass sich jeweils die menschlichen Individuen (Systeme Mensch), die eine besondere

Eignung für die Lösung dieser Aufgaben haben, in dem System Staat zusammenfinden, das diese Aufgabe zu lösen hat. Die menschlichen Individuen würden damit ihr Selbstverständnis und ihre narzisstische Befriedigung nicht aus dem System Staat schöpfen, in dem sie geboren sind, sondern aus der Aufgabe, die sie für die Menschheit und die Erde zu erfüllen haben.

Ein weitere Frage, die sich aus einer derartigen Lösung ergibt, kann ich momentan ebenfalls nicht beantworten, nämlich die Frage, wo das System Erde seine aggressiven Regungen lassen würde. Sie müssten wohl entweder im Weltraum verschwinden oder auf ideeller Ebene befriedigt werden.

Fest steht jedoch nach meiner Analyse, dass die Leitung eines jeden lebenden Systems Mensch oder Menschengruppe (Staat) sein Zieldenken verändern muss. Es darf nicht die Selbsterhaltung und Selbstentfaltung des Selbsts das Primat haben. Als erstes muss jede regionale Regierung die Selbsterhaltung des Systems Erde beachten, erst danach kommt das eigene Selbst, das eigene System Staat, Land, Mensch usw.. Der Egoismus der Systeme Mensch, Land und Staat muss durch den Egoismus des Systems Erde ersetzt werden. Die Systemebene muss geändert werden. Das Primat muss das System Erde haben. Anders kann die Menschheit nicht weiterexistieren.

3.27.
Das Raumproblem

Ich habe hier bereits etwas weit vorgegriffen. Der entscheidende Punkt könnte daher aus dem Blickfeld geraten:

Die Existenzprobleme der Menschheit resultieren aus der Ausbreitungstendenz der Staaten. Die Staaten als Repräsentanten der Genarten gehorchen dem Gesetz der genetischen Evolution. Die Genarten wollen überleben und produzieren massenweise Nachkommen. Die genetische Information will sich über die Erde verbreiten und die Erde beherrschen. Sie steuert das Verhalten der Staaten und der Individuen im Staat im Sinne des Staates. Das Problem ist, dass die Ausbreitung der Gene im Raum stattfindet. Die Gene, die Arten und deren Elemente, die Individuen, benötigen Platz, Raum. Der Raum auf der Erde ist jedoch begrenzt und die zur Verfügung stehenden Bausteine, die zur Ausbreitung benötigt werden, stehen nur in begrenzeter Zahl zur Verfügung. Die Hauptbetätigung der Gene, nämlich sich zu vermehren, führt deshalb zum Krieg. Leidtragende sind die Individuen, die in diesen Kriegen geopfert werden. Sie profitieren andererseits aber auch von den Genen, indem ihnen die Verbreitung der genetischen Information Lust bereitet (Sex).

Die beiden Grundantriebe des Menschen, die Freud postuliert hat, nämlich Sexualität und Aggressivität, sind Teil der Methoden, mit denen die Gene das staatstreue Verhalten der Individuen steuern. Davon in den nächsten Kapiteln.

Zunächst sei festgehalten, dass die genetische Entwicklung aufgrund der Begrenztheit des zur Verfügung stehenden Raumes auf der Erde irgendwann ein Ende haben muss. Das ist nicht nur theoretisch so, sondern wir stehen praktisch kurz vor diesem Ende.

Kapitel 4

Das System Mensch

4.1.
Die Grenzen des lebenden Systems Mensch

Der Mensch gehört zu den lebenden Systemen. Diese sind offen und begrenzt. Allerdings lebt dieses System nur vorübergehend. Es ist ein sterbliches offenes begrenztes System. Wo sind die Grenzen des lebenden Systems Mensch?
Bereits der Begriff Eigen-tum legt nahe, dass hier etwas bezeichnet wird, das zu dem Ich-Gefühl, zur Identität, zum lebenden System menschliches Individuum gehört, mithin dem System angehört. Zum System Mensch gehört nicht nur der menschliche Körper, sondern auch das dazugehörige materielle und geistige Eigentum. Zunächst zum materiellen Eigentum.
Der Gesetzgeber sagt:
"Der Eigentümer einer Sache kann ... mit der Sache nach Belieben verfahren und andere von jeder Einwirkung ausschließen" (BGB, § 903).
Eigentum ist das, was mir gehört, mein "eigen" ist, und das, über das ich verfügen kann. Der Gesetzgeber hat etwas sehr Entscheidendes gesehen.
Nach der Geburt muss der Mensch wohl die Erfahrung machen, dass es zunächst wenig gibt, über das er verfügen kann. Über seinen Körper kann er nicht verfügen, wie er will. Es gibt eine andere Person (Mutter), über die er nicht verfügen kann, von der er abhängig ist. Es wird Mangel (Bedürfnisse wie z.B. Hunger) wahrgenommen und Befriedigung, aber keine Verfügungsgewalt.
Eigentum im Sinne der Verfügungsgewalt ist lediglich der Mund (Saugreflex), der allerdings auch reflexhaft, also unwillkürlich funktioniert.
Mit der Zeit gewinnt der Mensch durch die Reifung des Nervensystems die Verfügungsgewalt über seine quergestreifte Muskulatur, zunächst über die Arme (greifen), später die Beine (laufen). Mit der Möglichkeit, willentlich handeln zu können, werden Arme und Beine als zum "Ich" zugehörig erlebt. Über sie kann verfügt werden, darüber hinaus sind sie vom Körper nicht getrennt.
Die Extremitäten des Körpers sind womöglich das erste, was als Eigentum im Sinne einer Verfügungsgewalt erlebt wird. Das System Mensch erfährt gleichzeitig,

dass es andere Personen gibt (Mutter) über die es zeitweilig doch verfügen kann, wenn es nur kräftig genug schreit.
Der Mensch trifft eine Unterscheidung zwischen dem, was zum "Ich" gehört und dem Fremden. Diese Fähigkeit ist eine angeborene Grundfähigkeit, die zu jeglichem Individuum gehört.
Es wird eine Grenzziehung vorgenommen. Die Grenze ist nicht absolut scharf, sie ist verschieblich. Das Kriterium, nach dem die Grenze definiert wird, scheint hingegen mit dem übereinzustimmen, was man als Verfügungsgewalt bezeichnen könnte. Zum "Ich" gehört das, über das Verfügungsgewalt besteht, das Fremde ist dasjenige, was dieser Verfügungsgewalt nicht unterliegt, vor dem man auch Angst zu haben hat, das "Böse", das nicht tut, was ich will, und das mir deshalb auch etwas böses antun könnte, mich verletzen könnte.
Vom Erleben des Kleinkindes her betrachtet, wäre also der Begriff "Eigentum" ein Teil des "Ich"-Erlebens. Das "Eigentum" gehört zum "Ich". Erstes "Eigentum" in diesem Sinne wäre der eigene Körper, über den es schrittweise eine Verfügungsgewalt erhält. Dieser Eigentumsbegriff bezieht sich im Gegensatz zum rechtlichen Eigentums-begriff nicht auf Sachen, sondern allgemein auf Körper im physikalischen Sinn, speziell wird er zunächst auf den eigenen Körper angewandt.
Insofern, als die Mutter die Bedürfnisse des Säuglings befriedigt und durch Schreien lenkbar, also "verfügbar" ist, wird womöglich auch die Mutter als "Eigentum" in diesem Sinn erlebt. Je stärker sich die Mutter den Bedürfnissen des Säuglings unterwirft und damit diesem ein starkes "Ich"-Gefühl vermittelt, desto stärker wird sich sein Selbstbewusstsein und sein Selbstwertgefühl entwickeln. Es könnte die Formel aufgestellt werden: je mehr "Eigentum", je mehr "Ich", desto mehr "Selbstwertgefühl".
Mit der Entwicklung der Motorik greift das Kleinkind zu und "eignet" sich Dinge (bewegliche Sachen im Sinne des Strafrechts) an. Der Eigentumsgedanke wird erweitert auf Dinge (Spielzeug). Die Dinge seiner Umwelt nimmt er als sein Eigentum wahr und greift sie.
Sind Geschwister vorhanden, macht der Mensch als nächstes die Erfahrung, dass noch andere Menschen existieren, die die gleichen Dinge wie er als Eigentum beanspruchen. Je körperlich stärker (größer) der Mensch ist, desto mehr dingliches Eigentum kann er sich aneignen.
Später wird die körperliche Stärke durch die Menge des zur Verfügung stehendes Geldes ersetzt.
Mit diesen Ausführungen sollen lediglich drei Hypothesen anschaulich gemacht werden.

- "Eigentum" am eigenen Körper und "Eigentum" an Sachen sind vom Erleben her nicht grundsätzlich verschiedene Begriffe, sondern lediglich zwei Qualitäten eines Begriffes. Vermutlich besteht zunächst nur ein Begriff von "Körper" im physikalischen Sinn mit den Qualitäten Ausdehnung (Raum) und Masse (Festigkeit, Widerstand). Das Erleben von "Eigentum" ist sicher unabhängig davon, ob der "Körper", über den verfügt werden kann, der eigene Körper, ein anderer Körper (Mutter) oder ein unbelebter Körper, also eine fremde bewegliche Sache, ist. Der rechtliche Begriff von Eigentum, der die Verfügungsgewalt über eine "Sache" betont, trifft aber etwas sehr Entscheidendes. Vom Erleben her betrachtet ist "Eigentum" das, über das ich verfügen kann, etwas, was quasi zu meinem "Selbst" gehört.
- Der Begriff "Ich", "Eigen" und der Begriff "Eigentum" ist ursprünglich im Menschen (angeboren) als Abgrenzung vom Anderen, Fremden vorhanden. Erworben werden lediglich die Inhalte. Der Begriff Ich, Selbst (eigen, Eigentum) und Fremd (nicht unter meiner Verfügungsgewalt) kann nur als bereits vorhanden gedacht werden. Offen ist, was zu mir gehört und was nicht. Ich kann also den Begriff selbst mit Inhalt füllen
- Die Grenze des lebenden Systems Mensch ist nicht seine Hautoberfläche. Auch sein materielles (und sein geistiges) Eigentum gehört zu dem, was dieses System ausmacht.

Einen Hinweis dafür sehe ich in der folgenden Beobachtung:

Bei bestimmten hirnorganischen Läsionen (z.B. "Schlaganfall"), die mit Lähmung einer Körperseite einhergehen, erlebt der Kranke die gelähmte Körperseite nicht als zu seiner Person zugehörig. Er kann die Bewegung des betroffenen Armes (Beines) nicht steuern, der Arm ist ihm fremd, als wenn er nicht zu ihm gehört.

Dies zeigt die Kopplung des Begriffes Eigentum (zu mir gehörig) an die Erfahrung der Verfügungsgewalt.

Einen Gegen-stand hingegen, über den ich nicht verfügen kann, erlebe ich als fremd.

Das Beispiel zeigt auch, dass der erlebte Eigentumsbegriff keinen Unterschied zwischen Sachen und dem "eigenen" Körper macht.

Im übrigen scheint das Eigentum an Immobilien (die Scholle des Bauern, das Einfamilienhaus des modernen Menschen) noch stärker an das Erleben von "Ich", "Selbst" oder "Mein" gebunden zu sein, als das Erleben von Eigentum an beweglichen Sachen.

Es scheint eine Rangordnung zu bestehen mit fließenden Übergängen: "Ich" bin als erstes mein Körper, dann mein Immobilieneigentum, dann mein Eigentum an beweglichen Sachen.
Der Begriff des Eigentums ist, das muss noch einmal betont werden, ein Teil oder eine Facette des Begriffes "Selbst". Ein wesentlicher Bestandteil seiner Erlebnisqualität ist der der Verfügungsgewalt über das, was zum "Selbst" gehört. Handelt das lebende System, dann handelt es selbst und hat das Erleben, "ich" handele.
Möglicherweise hängt das Selbstwertgefühl u.a. auch davon ab, wie stark man über andere Menschen (z.B. als Säugling über die Mutter oder als Vorgesetzter über Untergebene) verfügen kann und davon, wie groß das Eigentum an Sachen (Geld, Immobilien) ist.
Der gesetzlich verankerte Schutz der Eigentums ist also vom Erleben her betrachtet ein Teil des Schutzes der Person.
Der Bestohlene erlebt einen Diebstahl dementsprechend auch als eine narzisstische Kränkung vergleichbar mit dem Opfer einer Körperverletzung, das den Eingriff in seine körperliche Unversehrtheit als narzisstische Kränkung (in dem Fall als körperlichen Schmerz) erlebt.
In der Vorstellung und im subjektiven Erleben sind daher die Grenzen dessen, was "Ich" ist, verschieblich. Dies haben bereits die Idealistischen Philosophen (z.B. Fichte) festgestellt.
"Ich" kann die ganze Welt sein, die mir zur Verfügung steht (alles das, was ich bereisen kann und mir durch das Fernsehen in die Wohnstube gebracht wird), oder auch nur mal mein Inneres - je nach Stimmung, Zustand oder Selbstwertgefühl. In krankhaften Zuständen kann das "Ich" nichts sein (endogene Depression).
Wie bereits betont, gehört zum menschlichen Selbst neben seinem Körper auch seine Wohnung, sein materieller Besitz, sein Geld und sein geistiges Eigentum. Auch letzteres ist gesetzlich geschützt. Das Eigen-tum gehört zu ihm.
Subjektiv wird die Grenze vom Identitätsgefühl des Individuums definiert.
In dem Bemühen, die Frage zu beantworten, weshalb Menschen sich rücksichtslos und brutal verhalten, bin ich darauf gestoßen, dass wir einen grundsätzlichen Fehler begehen, wenn wir den Begriff "Ich" ("Selbst"), einschließlich der Mehrzahl ("Wir"), denkerisch unabhängig von der Wertung "Gut" bzw. "Wahr" betrachten. Wir bilden in diesem Punkt die Realität falsch ab, dies ist mit "Fehler" gemeint.
Wir können gar nicht anders, als "Ich" und "Gut" gleichzeitig zu denken bzw. zu fühlen ("Ich") und zu werten ("Gut"). Denken, Fühlen und Werten sind hier Eins, ein Begriff. Der Gedanke "Ich", das Gefühl von mir und die Wertung "Gut" sind

lediglich verschiedene Seiten ein und desselben "Begriffs". Diesen "Begriff" möchte ich "Identität" nennen. Statt von "Identität" könnte man wohl auch von dem "Wesen" oder der "Seele" des Menschen sprechen.
Auch das Gegenteil zu dieser Identität (dem Ich/Gut) existiert a priori in uns: nämlich ein Begriff des Nicht-Ich, des Fremden. Und auch dieser Begriff besteht nicht nur aus einem körperlich abgrenzbaren Fremden, sondern auch aus einem Gefühlshaften und einer Wertung: das Fremde ist das Böse, das Schlechte.
Diese beiden Begriffe, der Begriff "Identität" und der Begriff "Nicht-Identität" sind - womöglich genetisch - festgelegte Begriffe. In diesem Begriffspaar denken wir primär. Ausserhalb dieses Begriffspaares gibt es auf dieser Ebene keine andere Denkmöglichkeit. Diese Polarität des Denkens ist die erste Orientierung, mit der wir geboren werden. Es handelt sich wohl um eine genetisch verankerte Struktur unseres Erkenntnis-apparates.
Das, was die Psychoanalyse als Identitätsbildung beschreibt, die über eine Identifizierung mit dem Aggressor (in der Regel beim Knaben der Vater) stattfindet, ist ein Erlernen von Handlungsprogrammen unter der Wirkung des Prinzips Selbsterhaltung.
Das Selbst-System hat eine Solluntergrenze von narzisstischer Befriedigung, die es zu einer gesunden Entwicklung benötigt. narzisstische Befriedigung "holt" es sich durch Verhaltensweisen, die von den Eltern bestätigt werden. Dadurch "erlernt" es bestimmte Verhaltensweisen. Dies zunächst (beim Säugling) unter der Vorherrschaft der Selbsterhaltung. Später, bereits beim Kleinkind, besonders aber in der Pubertät, nach dem Prinzip der Selbstentfaltung. Jeder Mensch entwickelt auch seine angeborenen Eigenheiten, die ihn von anderen Menschen abheben und in ihrer Summe seine Individualität ausmachen. Jeder Mensch hat auch einen "Sinn" für diese Eigenheiten seines Selbsts. Je Selbst-bewusster ein Mensch wird, desto mehr wird auch sein Verhalten von derartigen Verhaltensweisen bestimmt, die diese Individualität charakterisieren. Unter der Vorherrschaft des Selbsterhaltungs-Prinzips wird Anpassungsverhalten geübt. Unter der Wirkung des Selbstentfaltungs-Prinzips kann das völlig anders aussehen. Der Empfänger für narzisstische Befriedigung ist unter der Wirkung dieses Prinzip völlig anders eingestellt. Das Gefühl narzisstischer Befriedigung ist hier nicht mehr abhängig von den elterlichen Vorstellungen über Wohlverhalten. Diese waren für die Selbsterhaltung maßgeblich. Nun werden die eigenen Vorstellungen des Selbst-Systems maßgeblich.
Narzisstische Befriedigung wird unter dem Prinzip Selbstentfaltung erlebt, wenn der eigene Kopf durchgesetzt wird, so dass nunmehr die Anerkennung durch

Freunde und sogar die elterliche Kritik und Ablehnung als narzisstische Befriedigung empfunden werden kann.

Das Erreichen selbstgesetzter Ziele spielt nun die entscheidende Rolle.

Die Identität äußert sich in dem Organismus "menschliches Individuum" in folgendem:

- Sie macht das Selbstwertgefühl des Individuums aus.
- Das Individuum hat aufgrund dieser Identität einen Begriff von dem, was zu ihm gehört und was fremd ist ("Eigentum"). Der Inhalt ist jedoch variabel.
- Das Individuum hat aufgrund der Identität den Glauben, die Überzeugung, im Recht zu sein. Das, was es tut, bewertet es als "GUT".
- Das Individuum hat aufgrund der Identität die Tendenz - wie jeder Organismus -, sich zu entwickeln, auszubreiten und zu vergrößern (Selbstentfaltung oder Selbstverwirklichung).

Die ICH-Identität äußert sich also im Erleben in einem Selbstwertgefühl, verbunden mit der Wertung, dass das, was zum Individuum gehört und das, was das Individuum tut, GUT ist, und in einem Willen, der auf Vergrößerung, Entfaltung gerichtet ist. Sie will überleben und strebt nach Verwirklichung (Selbstentfaltung). Sie hat ein Wissen darüber, was zu ihr gehört und was nicht, also einen Begriff von "fremd" (Nicht-Ich). Dieses Erleben ist zum Teil unbewusst im Sinne der Psychoanalyse. Hinter diesem Erleben steht eine Identität, die in sich eine Einheit darstellt. Das, was das Individuum erlebt, sind lediglich verschiedene Aspekte dieser Identität (wobei die obige Aufzählung vielleicht unvollständig ist).

Das Verhältnis des Individuums zur Umwelt, die Aneignung der Umwelt durch das Individuum, ist meines Erachtens also völlig unabhängig von der Möglichkeit des Lustgewinns, wie Freud es sieht (Triebe und Triebschicksale, Studienausgabe III, 98f). Das Gute ist meiner Meinung nach nicht das, was Lust bringt, und das Schlechte das, was Unlust bereitet. Das Gute ist das, was ICH tue, und das Schlechte ist das, was mir fremd ist, was schaden könnte. ICH versuche stets, mich, also das Gute, zu vergrößern.

Man könnte auch sagen, ich verwende einen anderen Begriff von "Gut" als Freud. Der Begriff "Gut" gehört a priori zu jedem System, beim System Mensch ist dieser lediglich verbalisiert worden.

Ich habe bisher die Beziehung des lebenden Individuums zu anderen lebenden Individuen ausgeklammert.

Grundsätzlich kann ein anderes Individuum ja nicht als Eigentum betrachtet oder angeeignet werden. Dies war zwar nicht immer so, zum Beispiel betrachtete Aristoteles noch die Sklaven als lebendes Werkzeug. Es ist auch im Leben des

Menschen nicht immer so. Häufig wird das Objekt der Liebe oder der Ehepartner als Eigentum betrachtet, nahezu regelmäßig betrachten Eltern ihre Kinder als Eigentum. Aber der als Eigentum betrachtete Mensch wehrt sich regelmäßig dagegen und beendet dieses Besitzverhältnis früher oder später - wenn er psychisch gesund ist. Das Wesentliche ist hier auch nicht das Eigentum am Körper eines anderen. Dem kann sich der andere entziehen. Das Wesentliche ist das Eigentum an dessen Fähigkeiten und Fertigkeiten. Zum Eigentum eines Systems Mensch gehört nicht nur sein Körper und sein materielles Eigentum, sondern auch seine Fähigkeiten, sein Können. In dem Augenblick, in dem er dieses einem anderen gegen Geldzahlung zur Verfügung stellt, wandelt er einen Teil seines Eigentums in Geld um. Andersherum: Fähigkeiten, die ich selbst nicht besitze, kann ich mir von anderen menschlichen Individuen kaufen. Mein Geld dient mir dazu, meine Defizite zu kompensieren. Ich kann mich dadurch auf Gebieten entfalten, auf denen ich mich mangels eigener Fertigkeiten niemals entfalten könnte.

Andere Lebewesen haben ihren Willen, unterliegen nicht meiner Verfügungsgewalt (außer der Mutter, s.o.). Ich kann sie mit Geld "gefügig" machen. Andererseits können Individuen mit ähnlichen Fähigkeiten in Konkurrenz zu mir treten. Dies nicht nur als Konkurrenten im Berufsleben, sondern indem sie die gleichen Dinge (unbelebte Natur) wie ich als ihr Eigentum erwerben möchten. Darüber kommt es ursprünglich zum Streit. In der Kindheit eignet sich der Stärkere das Ding (z.B. Spielzeug) an. So war es sicher auch im Ursprung menschlicher Gruppen. Die Einführung und die allgemeine Anerkennung des Geldes dient daher der Steuerung von Aggressionen.

Es besteht also grundsätzlich eine Konkurrenz zwischen Organismen gleicher Ebene (hier also Konkurrenz zwischen den Menschen) um die Aneignung materiellen Eigentums. Der Mitmensch ist mein Konkurrent, der "Böse". Deshalb wohl auch das Gebot des Christentums: liebe deinen Nächsten wie dich selbst. Das Individuum ist ständig bestrebt, seine Grenze durch Aneignung materiellen Eigentums zu vergrößern. Mehrere lebende Systeme Mensch können bestrebt sein, sich die gleiche Sache anzueignen. Jeder Mensch hat die Möglichkeit, sich Besitz anzueignen, so dass eine Konkurrenz um die Aneignung dieser nicht-lebenden Systeme entsteht. Jeder Mensch will sich entfalten, viele wollen das gleiche in Besitz nehmen, um sich zu vergrößern, zu entfalten. Das Gesetz, dass die Grenze des lebenden Systems nicht mit seiner körperlichen Oberfläche aufhört, sondern sein geistiges und sein materielles Eigentum zu ihm gehört (Selbsterhaltung) und das Handlungsprogramm, das nach Vergrößerung drängt (Selbstentfaltung), führen zur Konkurrenz lebender Systeme um Gegenstände, um Geld, um Immobilien, und

um den Besitz an anderen lebenden Systemen. Um diese Konflikte zu regeln, haben sich die Menschen aller Staaten komplizierte Gesetzeswerke ausgedacht (Privatrecht).
Die Konkurrenz um Nahrung und die Konkurrenz um Eigentum sind nur zwei Aspekte des Gleichen.
Folge dieser Konkurrenz ist zunächst die Auseinandersetzung, der Streit, der Kampf, das aggressive Verhalten. Als Problemlösung wird das Geld eingesetzt. Geldbesitz ist daher ein sehr wichtiger Teil des Systems Mensch.
Der wichtigete Teil, den ich weiter unten besprechen möchte, ist das geistige Eigentum des Systems Mensch. Dieses geistige Eigentum hebt den Menschen auch von anderen tierischen Individuen ab.
Zunächst möchte ich noch die Verhaltenssteuerung des Individuums Mensch betrachten, und dabei besonders die psychoanalytische Sichtweise berücksichtigen.

4.2.
Die Verhaltenssteuerung des lebenden Systems Mensch

Die Psychoanalyse sieht den Menschen als Individuum an, das einerseits von der Kraft seiner Triebe, des Sexualtriebes und des Aggressionstriebes, getrieben wird (deshalb die Wortwahl), andererseits eingeengt wird durch die Vorschriften der Gesellschaft. Die Triebe sind im "Es" angesiedelt, die Normen der Gesellschaft mit ihren Verboten im "Über-Ich". Beide psychische Instanzen sind zum großen Teil unbewusst.
Das von Sigmund Freud postulierte "Es" ist meiner Ansicht nach nicht irgendwo im Gehirn angesiedelt, wie man möglicherweise glauben könnte, sondern in den Genen.
Beim Sexualtrieb, der die Vermehrungsinteressen und das Ausbreitungsinteresse der Arten repräsentiert, ist dies offensichtlich, da es hier Hormone sind, deren Produktion letzten Endes genetisch gesteuert werden. Es ist hier nicht nur der sexuelle Orgasmus, dessen Lusterlebnis die Individuen dazu anregt, möglichst viele Nachkommen zu zeugen. Auch die Mutterschaft und die Vaterschaft führt zu Glücksgefühlen und euphorischen Zuständen.
Beim Aggressionstrieb ist dies weniger deutlich. Dieser ist ebenfalls darauf gerichtet, das von der Art beherrschte Gebiet zu vergrößern und dazu Kriege zu führen (oder z.B. auch zu heiraten). Er führt anscheinend ebenfalls über die Erzeugung von euphorischen Zuständen (Kriegseuphorie) dazu, dass selbst bei

intelligenten Individuen die Verhaltenssteuerung über das Gehirn, über die Rationalität, die dem Individuum nützt, ausgeschaltet wird.
Die tiefenpsychologische Sicht ist dadurch gekennzeichnet, dass unbewusste Vorgänge berücksichtigt werden.
Im bewussten Erleben trennen wir das Wahrnehmen, Fühlen, Denken, Erinnern usw.
Wir denken in Worten, Begriffen und in Bildern. Strukturiert wird das Denken durch die bewussten und unbewussten Absichten, also das Wollen, den Willen (Schopenhauer). Effekt ist stets eine Handlung, die durch die α-motorischen Vorderhornzellen an die Muskulatur signalisiert wird. Dabei kann es sich um eine Tat oder auch um eine Unterlassungstat handeln.
Aus logischen Gründen ist es unmöglich, einen Rückschluß von den bewussten seelischen Vorgängen auf unbewusste Vorgänge zu ziehen. Deshalb beschränkt sich Freud auch darauf, lediglich über das verdrängte Unbewusste Aussagen zu machen. Die Psychoanalyse Freuds beschäftigt sich mit dem sekundären Unbewussten, also mit der Wirkung dessen, was ehemals bewusst war und sekundär ins Unbewusste verdrängt wurde.
Primär unbewusste seelische Vorgänge können ganz anders, unvorstellbar, ablaufen. Diese unbewussten seelischen Vorgänge können mit den Mitteln der Sprache und des bewusstes Denkens nicht oder nur unzureichend beschrieben werden. Wir können nicht einmal wissen, ob es im Unbewussten überhaupt ein Fühlen oder Denken gibt. Meine Auffassung des Unbewussten ist also diejenige, die bereits von Eduard von Hartmann geprägt wurde (Hartmann, E. von (1873): Philosophie des Unbewussten. Berlin., z.B. S. 365, S. 516).
Die Art und Weise des Funktionierens des primären Unbewussten (seine Funktionsweise) ist genetisch festgelegt, a priori vorhanden - allerdings ein Aposteriori der Evolution.
Die Psychoanalyse hat ein "primärhaftes" Denken herausgearbeitet, das etwa mit den Ergebnissen der Hirnforschung über die Funktionsweise des rechten Hirns übereinstimmt. Hier nähert man sich wohl der Funktionsweise dieses primären Unbewussten.
Die Funktionsweise des primären Unbewussten kann am Säugling beobachtet werden. Da die Funktionsweise des Unbewussten genetisch verankert ist und daher auch am Verhalten von Tieren, den genetischen Vorläufern der Menschen, sichtbar wird, sind auch der Verhaltensforschung Aussagen bezüglich der Funktionsweise des Unbewussten möglich.

Die Psychoanalyse befaßt sich mit dem von Freud so genannten 1. und 2. Unbewussten. Unter dem 1. Unbewussten wird das Vorbewusste verstanden, unter dem 2. Unbewussten das "Verdrängte" (Freud, S.: Das Ich und das Es (1923). Studienausgabe III, 284). Mit dem von Freud so genannten 3. Unbewussten befasse ich mich hier (Ebenda, S. 287). Dieses dritte Unbewusste habe eine vieldeutige Qualität und sei deshalb nach Freud wissenschaftlich nicht verwertbar. Freud würde die Qualität dieses dritten Unbewussten auch nicht als seelische Qualität bezeichnen. Bei meiner Betrachtung spielt es keine Rolle, ob es sich hierbei um etwas Seelisches handelt oder nicht. Es handelt sich um etwas tiefer liegendes als das - nach meiner Definition - sekundäre Unbewusste, mit dem sich die Psychoanalyse befaßt.

Für Personen, die den Begriff "Psychologie" eng fassen, wäre es wohl zur Vermeidung von Mißverständnissen besser, von "Tiefenphilosophie" zu sprechen. Es enthält möglicherweise etwas in der Art, was Riedl die "Hypothesen" der Erkenntnis nennt (Riedl, 1979, Biologie der Erkenntnis).

Das Unbewusste dient der Steuerung des Verhaltens.

Das Verhalten hat genetisch festgelegte Ziele, die hierarchisch angeordnet sind. Das oberste Ziel ist das Überleben der Art, erst danach kommt das Überleben des Individuums. Dies hatte Freud in seiner ersten Triebtheorie berücksichtigt.

Ein weiteres Ziel ist die Erhaltung der körperlichen Unversehrtheit. Ein weiteres ist die Entfaltung der Fähigkeiten des Individuums. Ein weiteres nicht zu unterschätzendes Ziel ist der Lustgewinn, der ursprünglich die Überproduktion von Individuen sichern soll.

Die Steuerung des Verhaltens mit dem Zweck des Erreichens dieser Ziele erfolgt durch Programme.

Derartige genetisch festgelegte Programme, die durchaus vergleichbar sind mit Computerprogrammen, nenne ich Handlungsprogramme (oder Verhaltensprogramme).

Es gibt also das Handlungsprogramm "Überleben", das Handlungsprogramm "Nahrungsaufnahme" - ein Unterprogramm des Überlebensprogrammes - ein Programm "Partnersuche", ein Vergnügungsprogramm usw..

Die Programme steuern das Verhalten des Menschen und machen sich im bewussten Seelenleben als Affekte, Emotionen, Wünsche, Bedürfnisse, Einsichten, Urteile usw. bemerkbar.

Das bewusste Fühlen und Denken sind also lediglich die von uns bewusst erlebten Auswirkungen der ablaufenden Handlungsprogramme. Entscheidungen werden in den meisten Fällen nicht vom bewussten Denken getroffen, sondern nur begleitet

und mit Argumenten versehen. Dies kann am Beispiel der Ausführung posthypnotischer Befehle beobachtet werden.
Eine konkrete Handlung ergibt sich aus der Summe der gleichzeitig aktiven Handlungsprogramme. Je mehr Handlungsprogramme und je wichtigere Handlungsprogramme mit einer Handlung "befriedigt" werden können, desto wahrscheinlicher ist der Vollzug dieser Handlung.
Die "Befriedigung" eines Programmes wird dem bewussten Teil der Psyche durch positive Gefühle gemeldet.
Befriedigung der Bedürfnisse, die auf die Anerkennung der Identität gerichtet sind, werden durch Gefühle von Stolz, Zufriedenheit, Freude, Glück angezeigt (narzisstische Befriedigung). narzisstische Befriedigungsgefühle treten auch bei gelungener Selbstentfaltung auf. Sie weisen praktisch dem Individuum den Weg zur Entfaltung seiner Fähigkeiten, zur Entfaltung der Identität.
Die subjektiven Gefühle sind eine hervorragende Orientierungshilfe für das lebende System. Sie weisen den Weg hin zur Befriedigung der Handlungsziele und weg von Gefahren, die der Erreichung der Ziele entgegenstehen.
Daneben gibt es Liebesprogramme, die an sich der Paarung, dem Überleben und der Reproduktion (der Selbsterhaltung) der Gene (der Vermehrung und Veränderung der Chromosomen) dienen und deren erfolgreiche Ausführung durch Lustgefühle (Orgasmus) gemeldet werden.
Wird die Ausführung dieser Liebesprogramme (Selbsterhaltungsprogramme der Art) unterbrochen oder führt sie nicht zum Erfolg, wird Unlust empfunden.
Man sollte im übrigen unterscheiden zwischen Gefühlen der Befriedigung (der narzisstischen und sexuellen Befriedigung) oder Unlust als Erfolg bzw. Nichterfolg von Handlungen (Gefühle als Resultat) und Gefühlen, die das Handeln begleiten und steuern (Wünsche, Bedürfnisse). Gefühle unterliegen ja nicht der Verfügungsgewalt des Individuums. Sie kommen und gehen, je nach den äußeren Ereignissen, auf die reagiert wird. Insbesondere das Empfinden von Bedürfnissen und Wünschen ist ein Erleben, das das "Ich" nicht steuern kann. Sie bleiben etwas, das mir als Erlebendem widerfährt. Dementsprechend sage ich auch "ich fühle mich wohl" usw.. Das Erleben derartiger Gefühle setzt also einen "Ich"-Begriff bereits voraus.
Wenn das Kleinkind nach Dingen (beweglichen Sachen) greift, wird sein Greifimpuls von der Umwelt eingeschränkt. "Das darfst du nicht anfassen", "Das gehört mir", usw.. Das Kleinkind möchte alles in Besitz nehmen. Das, was zu ihm gehört, was es nehmen darf, wird ihm belassen, was ihm nicht gehören soll, wird ihm vom Stärkeren (Eltern, Geschwister usw.) wieder genommen. Seinem Wunsch

nach Vergrößerung seines Eigentums werden Verbote entgegengesetzt (im christlichen Glauben fälschlicherweise als Gebote bezeichnet: "Du darfst nicht stehlen" und "Du sollst nicht begehren deines Nächsten Haus usw."). Wird gegen die Verbote verstoßen, so wenden die Stärkeren Gewalt an.
Der Mensch (das Kind) ist nun zusätzlich angeborenerweise mit einer Schmerzempfindung bei Verletzung der körperlichen Unversehrtheit ausgestattet. Da Schmerz normalerweise als unangenehm empfunden wird, versucht das Kind, ihn zu vermeiden. In Vorwegnahme der Schmerzempfindung - zum Zwecke der Schmerzvermeidung bzw. der Vermeidung körperlicher Verletzung oder des Todes - ist der Mensch (eben auch der Säugling) mit einem Angstreflex ausgestattet. Das, was gefährlich werden kann, was einem Schmerzen bereiten, einem Verletzungen zufügen oder einen töten kann, wird durch diesen Angstreflex vermieden.
Zur Identität gehört also offensichtlich auch ein Schmerzgefühl bei Verletzung der körperlichen Integrität des lebenden Systems und ein Angstgefühl als Warnsignal vor der drohenden Verletzung.
Der Stärkere engt den Greifimpuls des schwächeren Kindes ein, indem es ihm nicht nur Sachen wieder entreißt, sondern dabei auch körperliche Gewalt anwendet, schlägt, auch droht. Das kleinere Kind errichtet also infolge dieser Gewaltanwendung der Stärkeren ein Über-Ich, ein Gewissen, eine Instanz, die ihm möglichst schon vor Eintritt des Angstgefühls signalisiert, was es (oder wann es) ungestraft greifen darf und was nicht (bzw. wann nicht).
Die anderen Personen, die Stärkeren, diejenigen, die seine Selbstentfaltung dadurch einschränken, dass sie ihm etwas wegnehmen und dabei Gewalt anwenden, sind die Bösen. Es wird also bereits in Zusammenhang mit der Reifung des Greifens ein Begriff von Ich, von Eigentum und von Böse mit Inhalten gefüllt, eine Gewissens-Instanz errichtet, die Verbote verinnerlicht und damit zur Angstvermeidung beiträgt.
Erforderliche Voraussetzungen sind:

- ein Begriff von Ich (Selbst) und Fremd mit dem entsprechenden Unterscheidungsvermögen, für das die Verfügungsgewalt ein entscheidendes Kriterium ist.
- Die Möglichkeit der Schmerzempfindung bei Störung der körperlichen Integrität.
- Die Möglichkeit der Angstempfindung als Warnsignal vor Schmerz.
- Die Möglichkeit der Informationsspeicherung (Erinnerungsvermögen).

- Grundvoraussetzung ist natürlich ein Wahrnehmungsvermögen für Sachen und Gefühle,
- wobei für die Wahrnehmung von Sachen ein Raumbegriff
- und für die Wahrnehmung von Bewegung (Entwicklung der Motorik) und Befriedigung ein Zeitbegriff erforderliche Voraussetzungen sind.

Werden Selbstentfaltungsprogramme unterbrochen oder führen sie nicht zum Ziel, wird seelischer Schmerz, Trauer, Verzweiflung usw. empfunden.

Wird die körperliche Integrität verletzt durch einen Unfall oder einen Eingriff in die körperliche Unversehrtheit, wird Schmerz, körperlicher Schmerz empfunden.

Wird in einer Situation aufgrund von Erfahrung Schmerz (körperlicher oder seelischer Schmerz) erwartet, entsteht Angst. Furcht vor Schmerz (Angst) führt zur Hemmung der Ausführung von Verhaltensprogrammen. Das Erleben von Angst ist das bewusst erlebte Signal für die Bedrohung der körperlichen Unversehrtheit und den Stop derartiger Verhaltensprogramme.

Es ist also für die Selbstentfaltung der Identität und das damit verbundene Zufriedenheitsgefühl äußerst wichtig, bewusste Gefühle auch genau und differenziert wahrzunehmen. Sie melden dem bewussten Seelenleben, ob das Individuum auf dem richtigen Weg zur Selbstentfaltung und Selbsterhaltung ist. Sie sind die Landkarte und der Kompaß, sie orientieren das Individuum.

Da sich Handlungsprogramme auch gegenseitig neutralisieren können, ergibt sich eine objektive Entscheidungsfreiheit. Grundsätzlich stimme ich E. v. Hartmann zu, der sagt, der Wille sei nichts weiter wie die Resultante aller gleichzeitigen Begehrungen (v. Hartmann, 1873, S.347).

Die Identität äußert sich in einem Willen. Dies ist der Wille zu überleben und sich zu entfalten, sich zu verwirklichen.

"Aggression" ist nichts weiter als das Streben nach Vergrößerung des "Ichs", des "Eigentums", aus der Sicht derjenigen, die durch meine Ausbreitung in ihrer Verfügungsgewalt beeinträchtigt werden. Für mich (für den Handelnden) ist diese Art der "Aggression" deshalb auch stets "Gut". Aus der Sicht des darunter Leidenden natürlich "Böse". Handlungen, die das Eigentum vergrößern, befriedigen gleichzeitig narzisstische und aggressive Wünsche.

Der Begriff Narzissmus wurde von Freud eingeführt als Terminus für die Besetzung des Ichs mit Libido, also im Sinne der Selbstliebe, der Verliebtheit ins Ich. Er wurde als Bezeichnung für einen Trieb konzipiert, der das eigene Selbst als Objekt hat.

Inzwischen haben die Vertreter der diversen psychoanalytischen Theorien und Schulen zwar davon Abstand genommen, Narzissmus als Trieb zu denken, eine

einheitliche Narzissmustheorie kann die Psychoanalyse als Theorie jedoch nicht anbieten.
Das liegt u.a. an der Beschränkung der psychoanalytischen Praxis auf die Behandlung neurotischer Störungen. Die Beseitigung oder Besserung neurotischer Symptomatik wird von den Krankenkassen bezahlt, während für die Entwicklung der Theoriebildung kein Geld vorhanden ist. Auch das Verhalten der Psychoanalytiker wird über finanzielle Zuwendung gesteuert.
Ursprünglich stellte Freud den Sexualtrieb den Selbsterhaltungstrieben gegenüber. Ich möchte vorschlagen, bezüglich der Selbsterhaltung und der Selbstentfaltung nicht den Begriff "Trieb" zu verwenden. Es handelt sich um Verhaltensprogramme, die das Verhalten lebender Systeme steuern und die beim Menschen praktisch auf Zielvorgaben reduziert sind, wodurch menschliches Verhalten einen sehr hohen Freiheitsgrad erhält. Dies haben wir der Entwicklung des Gehirns zu verdanken, das uns in die Lage versetzt, innerhalb kurzer Zeit auf neue Umweltreize zu reagieren und das uns unabhängig macht von angeborenen Verhaltensprogrammen, die noch im Tierreich vorherrschen (Instinktverhalten).
Die Fähigkeit, Informationen aus der Umwelt herauszufiltern, die für die Selbsterhaltung und Selbstentfaltung wichtig sind, wird in der Psychiatrie Wahrnehmung genannt. Wahrnehmung beschränkt sich jedoch nicht darauf, bestimmte Qualitäten von Objekten zu erkennen (Form, Farbe, Geruch usw.), sondern vermittelt gleichzeitig auch eine Bewertung. Es wird etwas als schön empfunden, anderes als häßlich. Wahrnehmung kann also Gefühle hervorrufen. Diese Gefühle sind Informationen darüber, ob und inwiefern das registrierte Objekt für die Selbsterhaltung oder die Selbstentfaltung des Organismus (des lebenden Systems, des Menschen) nützlich oder schädlich ist.
Es wird nicht alles wahrgenommen, sondern nur ein Teil. Die Umwelt wird von dem Programm "Selbsterhaltung" und dem Programm "Selbstentfaltung" konstruiert. Auf diesen Gesichtspunkt weist der Konstruktivismus (von Foerster, Watzlawick) hin.
Affekte haben eine Signalwirkung und sind Informationen. Sie können ganz grob unterteilt werden in positive und negative Signale. Signale aus der Umwelt und Umweltveränderungen, die das Überleben in Frage stellen, werden mit Angstgefühlen, Unlustgefühlen und anderen negativen Gefühlsqualitäten belegt. Gefühle und Affekte sind Mittel der Gene, menschliches Verhalten zu steuern. Sie haben vermutlich eine chemische Grundlage, was allerdings erst beim Sexualtrieb bewiesen ist (hormonelle Steuerung).

Konstellationen und Ereignisse, die die Selbsterhaltung sichern oder Selbstentfaltung ermöglichen, werden mit Lustqualitäten und Verlangensqualitäten gekennzeichnet.

Die Steuerung des Verhaltens lebender Systeme geschieht mit Hilfe dieser Gefühle, die beim Menschen zwar bewusstseinsfähig sind, die aber eine biologisch-genetische (chemische) Wurzel haben.

Zur Grobeinteilung erscheint es sinnvoll, zwei Grundqualitäten zu unterscheiden, nämlich die narzisstische Befriedigung und die narzisstische Kränkung.

Das Selbst-System (Deneke, 1989; Mentzos, 1984) möchte ich durch sein Ziel definieren, Selbsterhaltung und Selbstentfaltung zu sichern, ähnlich wie das System der Blutdruckregulierung sich auf die Aufrechterhaltung eines Blutdrucks spezialisiert hat. Was im Regelkreis der Blutdruckaufrechterhaltung die Barorezeptoren sind, die Abweichungen vom Sollwert signalisieren, sind im Selbstsystem die Gefühle narzisstischer Befriedigung und Kränkung, die dem Selbst die Zufuhr und den Entzug narzisstischer Befriedigung anzeigen. Drohende Unterschreitung einer erforderlichen Untergrenze an narzisstischer Befriedigung wird mit Angst registriert, die sich zur Panik steigern kann. Beeinträchtigungen der körperlichen Unversehrtheit werden durch Schmerz angezeigt. Schmerzvermeidung ist ein wichtiger Verhaltensregulator.

Narzisstische Befriedigung benötigt der Mensch ständig, ähnlich wie er ständig essen und trinken muss. Die Zufuhr eines bestimmten Quantums narzisstischer Befriedigung ist ständig erforderlich. Die Aufrechterhaltung dieses "narzisstischen Gleichgewichts" ist grundlegender und bedeutender als die Befriedigung sexueller Bedürfnisse.

Die Erklärung des von der Psychoanalyse gefundenen Verdrängungsvorganges ist unter Zugrundelegung dieser theoretischen Vorstellungen sehr einfach: sexuelle Triebwünsche werden dann verdrängt, wenn ihre Befriedigung zu einer Destabilisierung des Selbst-Systems führen würde.

Sigmund Freud hat erkannt, dass neurotische Symptomatik aus der Abwehr sexueller Regungen resultiert und hat postuliert, dass für den Knaben die Kastrationsdrohung - auch wenn sie nur phantasiert oder theoretisch für möglich gehalten wird - ausschlaggebend dafür ist, dass die auf die Mutter gerichteten sexuellen Wünsche in das Unbewusste verdrängt werden.

Dies ist aus meiner Sicht ein Beispiel dafür, dass die Aufrechterhaltung des Selbst-Systems stärker ist als die Befriedigung sexueller Wünsche. Eine Kastration stellt ja eine erhebliche Beeinträchtigung der körperlichen Unversehrtheit dar. Erheblich deshalb, weil auch die männliche Identität von diesem Eingriff betroffen wäre.

Eingriffe in die körperliche Unversehrtheit signalisiert das Selbst-System durch Schmerzempfindung. Das Selbst-System verfügt über eine gründliche evolutionäre Erfahrung im Erkennen von Situationen, die zu einer Beeinträchtigung der körperlichen Unversehrtheit führen können und eine Bedrohung der Selbsterhaltung darstellen. Vermeidung von Schmerzreiz ist ein wesentliches Handlungsmotiv. Darüber hinaus wäre eine Kastration auch mit erheblichen seelischen Schmerzen, einer starken narzisstischen Kränkung, verbunden.

Bevorstehender seelischer Schmerz wird durch Angst signalisiert. Bei drohender Destabilisierung des Selbst-Systems kann Panik auftreten. Durch einen derartigen Akt (Kastration) würde das Selbst-System in die Gefahr der Destabilisierung geraten. Die Regelgrenzen für die narzisstische Befriedigung würden unterschritten werden. Deshalb reagiert ein lebendes System in einer derartigen Situation, wo die Möglichkeit einer sexuellen Befriedigung gegen die Möglichkeit einer narzisstischen Kränkung abgewogen werden muss, mit der Verdrängung der sexuellen Wünsche.

Zum Glück sind derartige Situationen sehr selten. Zu Freuds Zeiten befanden sich Knaben vielleicht häufiger in einer derartigen Konfliktsituation, in der sexuelle Befriedigung gegen narzisstische Befriedigung (bzw. mögliche Kränkung) abgewogen werden musste.

Dazu noch ein Wort: häufiger ist sicher schon immer die narzisstische Befriedigung als Handlungsmotiv gewesen. Der Sohn (und die Tochter) wird ja von seinen Eltern mit narzisstischer Befriedigung für sein "braves" Verhalten belohnt. Zuwendung, Lob, körperliche Wärme, Zärtlichkeit sind narzisstische Befriedigungsmöglichkeiten, die das Kind sucht und in der Regel von seinen Eltern erhält, wenn es sich so verhält, wie seine Eltern es sich wünschen.

Über diese narzisstische Befriedigung (Selbst-Bestätigung) wird die Entwicklung des Kindes von den Eltern gesteuert, auch wenn diese keine bewussten Erziehungsziele verfolgen. Die Erziehung durch Bestrafung (durch narzisstische Kränkung) hat einen sehr viel geringeren Stellenwert.

Der Organismus (ein lebendes System) verhält sich nach dem Prinzip der Unlustvermeidung und der Optimierung des Lustgewinns. Alle Gefühle und Gefühlsqualitäten, die empfunden werden, wenn der Organismus (das lebende System) sich einem Zustand größerer Optimierung der Selbsterhaltung oder der Selbstentfaltung annähert, werden als narzisstische Befriedigung bezeichnet.

Auf den Menschen angewendet: Bestätigung durch Lob, Anerkennung usw. verschafft narzisstische Befriedigung.

Tadel, Strafe usw. sind narzisstische Kränkungen bzw. Kränkungserlebnisse des Narzissmus mit ihren unterschiedlichen Gefühlsqualitäten wie Enttäuschung, Ärger, Zorn usw..

Die Psychoanalyse hat auch andere, nicht-sexuelle Wünsche in ihr Theoriegebäude aufgenommen. Hier sind die analen "Trieb"-Qualitäten wie Schmutzlust und Behaltenwollen zu nennen, die eine Beziehung zum Zwangscharakter haben, den bereits Freud eingeführt und durch Geiz, Ehrgeiz, Genauigkeit, Pünktlichkeit usw. charakterisiert hat. Desweiteren das Streben nach Besitz, das Saugen und Greifen (orales Antriebsgebiet).

Manche Schulen betonen den Gemeinschaftssinn, das Machtstreben, andere heben zur Erklärung bestimmter seelischer Krankheiten das Intentionale oder das Neugierverhalten hervor. Besonders intensiv und kontrovers diskutiert ist der Bereich der Aggressivität.

Leider stehen die Vertreter der psychoanalytischen Schulen unter dem Zwang des theoretischen Grundsatzes, dass alle diese Wünsche und Antriebe als "Triebe" klassifiziert werden müssen, was ihnen anscheinend den Blick für die Realität verbaut.

Die beschriebenen Antriebsqualitäten und Wünsche sind offensichtlich nicht sexueller Natur, sondern sind Teil der narzisstischen Wünsche und Befriedigungen. Greifen, sich etwas aneignen, auch Aggressivität zur Sicherung und Erweiterung des vom Selbst beanspruchten Gebiets, lassen sich zwanglos als narzisstische Wünsche nach Selbstbestätigung und Selbstentfaltung identifizieren und dienen der Ökonomie des Selbst-Systems. Ebenso ist es mit dem Streben nach Einfluß, Macht, dem Ehrgeiz und dem Erfolgsstreben.

Beispielsweise ist der in der psychoanalytischen Literatur verwendete Begriff "orales Antriebserleben" in dieser Sichtweise nicht etwa als eigener Antriebsbereich und auch nicht als Partialtrieb der Sexualität anzusehen, sondern als ein Verlangen, das der Selbsterhaltung und der Selbstentfaltung dient und dementsprechende Verhaltensweisen nach sich zieht. Sind diese Verhaltensweisen erfolgreich - wird also gegessen oder Geld erworben - so erlebt der Organismus narzisstische Befriedigung (Sättigungsgefühl, Wohlerleben, Freude usw.). Ein "oraler Durchbruch" - zum Beispiel eine Diebstahlshandlung - ist nicht ein sexuelles Geschehen, wie die Psychoanalyse meint, sondern der Versuch, durch die Aneignung fremden Eigentums das Selbstwertgefühl zu steigern und das bedrohte narzisstische Gleichgewicht zu stabilisieren.

In der forensischen Praxis ist mit derartigen Fehlhandlungen auch häufig ein Imponieren vergesellschaftet (entweder direkt durch die Tat oder durch den

entwendeten Gegenstand bzw. das gestohlene Geld), das noch direkter den Zusammenhang zur narzisstischen Befriedigung zeigt.
Die psychoanalytische Theorie operiert auch mit dem Begriff des "Es", der der Sitz des Triebhaften sei. Die Vorstellung einer derartigen psychischen Instanz scheint mir sehr sinnvoll, allerdings ist der sexuelle Trieb nur ein geringer Teil dessen, was dort anzusiedeln ist, hauptsächlich handelt es sich um Wünsche, Antriebe und Bedürfnisse, deren Befriedigung - oder auch Hemmung - das narzisstische Gleichgewicht reguliert.
Im Unterschied zur Sexualität benötigt der Mensch ständig eine gewisse Zufuhr an narzisstischer Befriedigung. Diese ist lebensnotwendig wie die Zufuhr von Sauerstoff und Wasserstoff (Nahrung). Es muss ständig ein unterer Sollwert an narzisstischer Befriedigung vorhanden sein.
Insofern könnte man sagen, es besteht eine naturgegebene Abhängigkeit von narzisstischer Befriedigung. Nach oben hin ist die Zufuhr wohl offen, so dass man sagen könnte, dass der Mensch ein Wesen ist, das potenziell süchtig nach narzisstischer Befriedigung ist.
Die Wirkung vieler Drogen ist wohl tatsächlich die, narzisstisches Befriedigungsgefühl auf chemischem Weg zu erzeugen, womit die mehr oder weniger große Suchtpotenz der Mittel erklärlich wäre.
Auch nicht stoffgebundene Süchte (vor allem die Arbeitssucht, die Nymphomanie, aber auch die Spielsucht, vielleicht auch die Kleptomanie und die Pyromanie) stellen wohl ein Fehlverhalten dar, das mit narzisstischer Befriedigung verbunden ist (aber eben nicht mit sexueller Befriedigung).
Das Erfordernis narzisstischer Befriedigung ist auch - anders als der Sexualtrieb - nicht verdrängbar. Während auf sexuelle Befriedigung verzichtet werden kann, weshalb sexuelle Wünsche verdrängt werden können, kann auf narzisstische Befriedigung nicht verzichtet werden.
narzisstische Wünsche können nicht verdrängt werden.
Selbst Psychoanalytiker, die sich intensiv mit dem Thema Narzissmus befaßt haben, sind zu dem Ergebnis gekommen, dass "narzisstische Neurosen" nicht analysierbar sind, da sie zu Übertragung unfähig sind (Kohut).
Besser wäre es, erst gar nicht von "Neurosen" zu sprechen, da narzisstische Wünsche nicht verdrängt werden können. Es handelt sich bei narzisstischen Krankheiten nie darum, dass etwa Angebote an narzisstischer Befriedigungsmöglichkeit aufgrund einer Gehemmtheit abgelehnt werden, sondern stets um einen Mangel an narzisstischer Befriedigungsmöglichkeit bzw. um narzisstische Kränkungen, die zu Symptomatik führen.

Auf narzisstische Befriedigung kann nicht verzichtet werden.
Dies stellt Menschen, die in ihrer frühen Kindheit Mangelsituationen an narzisstischer Befriedigung ausgesetzt sind und unter narzisstischen Kränkungserlebnissen zu leiden haben, vor ein schweres Problem. Aus derartigen Mangel- oder Leidenssituationen resultieren - wenn der Betreffende überlebt - in der Regel sehr schwerwiegende Krankheitserscheinungen oder andere Fehlverhaltensweisen.
Um zu überleben (die Selbsterhaltung ist in diesen Fällen stärker), ändern diese Menschen bisweilen ihre normalen Voraussetzungen zum Empfinden narzisstischer Befriedigung. Sie polen sozusagen die Voraussetzungen um: aus dem Erleiden von Schmerz wird narzisstische Befriedigung gezogen. Man könnte von der Jesus-Methode sprechen. Aus dem passiven Schmerzerleiden wird ein aktives Schmerzerleiden gemacht. Da gibt es die Varianten: ich erbringe ein großes Opfer und ich bin der größte im Ertragen.
Die Betroffenen leiden später an Selbstbeschädigungshandlungen, begehen bisweilen so lange Suicidversuche, bis einer klappt.
Eine weitere Lösungsmöglichkeit besteht darin, sich mit dem Bösen zu identifizieren und später andere zu quälen oder zu mißhandeln.
Auch die Rache-Haltung mit späterer kompensatorischer Überbetonung der narzisstischen Befriedigung ist denkbar. Depressive Erkrankungen sind häufig, häufig sind auch Suchterkrankungen. Auch die Flucht aus der Realität durch psychotische Symptomatik ist so denkbar.
Vor allem gibt es eben nicht nur Verarbeitungsweisen in Richtung eines Verhaltens, das als krank gilt, sondern besonders kriminelles Verhalten kann der Befriedigung narzisstischer Defizite dienen.
Die Deregulierung des Selbst-Systems der menschlichen Individuen führt zu Verhaltensweisen, die von System "Staat" als krank oder kriminell definiert werden und dementsprechend sanktioniert werden. Dies ist erforderlich, um das System höherer Ordnung, den Staat, nicht zu destabilisieren. Beispielsweise befürchtete die DDR (Deutsche Demokratische Republik) eine Bedrohung ihrer Existenz bereits durch Individuen, die nicht einer regelmäßigen Tätigkeit nachgingen, was bei manchen seelischen Krankheitszuständen der Fall sein kann, und schuf den Straftatbestand des "asozialen Verhaltens".
Die Anwendung körperlicher Gewalt sollte eigentlich das letzte (archaische) Mittel sein, das zu einer Herstellung des narzisstischen Gleichgewichts durch Befriedigung des Selbstentfaltungsstrebens führt. In der Regel sollte es auch ein erfolgloses Mittel sein.

Die in Form von Strafgesetzen festgelegten Straftatbestände und die daraus resultierenden Sanktionen der Gemeinschaft haben gerade den Sinn, die Erfolglosigkeit derartiger direkter aggressiver Handlungsstrategien zu garantieren (negative Rückkopplung).

Delinquentes Verhalten resultiert in erster Linie aus einer Situation zu geringer narzisstischer Befriedigung. Es handelt sich in der Regel um Menschen mit geringem Bildungsgrad, geringer beruflicher Qualifikation und geringem Einkommen, kurz gesagt: mit reduzierten Möglichkeiten narzisstischer Befriedigung.

Hieran sieht man auch den engen Zusammenhang zwischen narzisstischer Befriedigung und Geldbeutel bzw. Bankkonto. Eigen-tum gehört zum Selbst fast wie der eigene Körper. Die Wohnung und andere materielle Dinge gehören zu mir. Das eigene Selbst kann vergrößert werden durch das Eigen-tum. Das, was mir gehört, gehört zu meinem Selbst und stärkt mein Selbstwertgefühl, stabilisiert mein Selbst-System.

Der Geschlechtsunterschied ist vor allem der, dass Männer durch Arbeit und Leistung ihre Geld- und Besitzmenge vergrößern und damit ihren Selbstwert regulieren, während Frauen dies immer noch in erster Linie durch geschickte Heirat tun können und dafür ihre äußere Attraktivität benötigen.

Dies führt in Versagungssituationen und Scheitern der erhofften narzisstischen Befriedigungen zu spezifischen seelischen Krankheitszuständen, die aber hier nicht Thema sind.

Straftaten werden hingegen eher auf dem Hintergrund mangelnder Möglichkeiten narzisstischer Befriedigung begangen.

Bereicherungstaten (Diebstahl, Betrug usw.) wurden bereits angesprochen. Auch die Bezeichnung Eigentumsdelikte ist unter Berücksichtigung narzisstischer Bedürfnisse sehr bezeichnend. Auch bei Aggressionsdelikten (Körperverletzung, Totschlag und Mord) geht es häufig um die Befriedigung narzisstischer Wünsche, deren Befriedigung durch "das Leben" versagt ist. Die Ausgangsvoraussetzungen, das soziale Milieu, aus dem der Täter kommt, lassen eine Befriedigung narzisstischer Wünsche nach Anerkennung, Bestätigung kaum zu, das Selbst existiert auf einem sehr geringen Niveau. Der Täter hat bisweilen nicht einmal eine Arbeitsstelle, manchmal nicht einmal eine eigene Wohnung, häufig sogar Schulden. Das einzige, was zur Befriedigung beiträgt, ist die Partnerschaft und die mit ihr verbundene Sexualität, die ja in dem Fall nichts kostet.

In dieser Situation, die bei Straftätern nicht selten zu finden ist, hat die Sexualität eine stabilisierende Funktion für das narzisstische Gleichgewicht: sexuelle Betätigung dient hier nicht nur der sexuellen Befriedigung, sondern darüber hinaus

der Befriedigung narzisstischer Wünsche nach Anerkennung, Selbstbestätigung usw.. Das chronische Defizit an narzisstischer Befriedigung wird kompensatorisch durch Überbetonung der Sexualität notdürftig ausgeglichen. Sexualität dient hier der Ersatzbefriedigung nicht erlebter narzisstischer Befriedigung. Dies ist wohl häufiger als allgemein angenommen wird und ist ein sehr wichtiger Mechanismus, der der Stabilisierung des sozialen Systems dient. Gäbe es die (kostenlose) Sexualität nicht mit ihrer Möglichkeit der (Ersatz)Befriedigung narzisstischer Wünsche, würde dies zur Beschleunigung sozialer Konflikte führen und die Gefahr einer Destabilisierung des Gesellschaftssystems erhöhen.
Im Einzelfall ist es jedenfalls häufig so, dass eine befriedigende Partnerschaft einen Mangel an narzisstischer Befriedigung zu kompensieren vermag - das narzisstische Gleichgewicht ist gerade am unteren Rand seiner Regelwerte stabilisiert. Geht der Partner nun fremd und entzieht dem potenziellen Täter dadurch den Rest seiner narzisstischen Befriedigung, kommt es zu einer Dekompensation. Dies kann zu katastrophalen Folgen führen wie Selbstmordhandlungen oder Mordhandlungen.
Soweit der theoretische Überblick. Für bestimmte Delikte können unter Beachtung des narzisstischen Gleichgewichts bzw. der Dynamik des Selbst-Systems wahrscheinlich relativ spezifische Konstellationen gefunden werden. Ich denke z.B. an Ladendiebstähle bei verheirateten Frauen im Klimakterium bzw. in der Postmenopause, oder auch an Morddelikte bei chronisch schwelendem "Partner"konflikt. Auch die Umsetzung narzisstischer Kränkungen im Berufsleben in chronische Schmerzzustände und Nervenwurzelreizsymptomatik ist interessant.
Ein weiteres Thema ist die Wahl der Lösung der Mangelsituation: Mangel an narzisstischer Befriedigung kann in einem Fall zu depressiver Symptomatik führen, im anderen Fall zu Straftaten.
Ausserhalb der psychoanalytischen Schulen hat sich der Gedanke gehalten, dass der Mensch nicht nur als Triebwesen gesehen werden kann, sondern auch als ein "lebendes System", das selbstregulierenden Mechanismen unterworfen ist, und das in Interaktion mit der Umwelt sein Verhalten nach bestimmten Prinzipien reguliert.
Selbstregulierende Gesetzmäßigkeiten werden an einfachen lebenden Systemen erforscht (Maturana). Die dort gefundenen Ergebnisse können jedoch auch auf komplexe lebende Systeme übertragen werden. Der Mensch ist das komplexeste lebende System (von Foerster).
Regulation des Verhaltens durch Interaktion mit der Umwelt wird anhand der Verhaltensbeobachtung von menschlichen Säuglingen erforscht (Stern). Die Ergebnisse dieses Gebietes zeigen, dass bereits der Säugling mit Verhaltensmustern

ausgestattet ist, die ihm eine Erforschung der Umwelt und eine Anpassung an Umweltbedingungen erlauben, er ist "kompetent" (Stern).
Lebende Systeme existieren in einer "toten" Umwelt, aus der heraus sie sich entwickelt haben (Evolutionstheorie).
Sie müssen sich, da sie "leben", irgendwie verhalten, ein Nicht-verhalten gibt es nicht (Watzlawik). Sie sind mit Verhaltensregeln ausgestattet, deren übergeordnetes Ziel darin besteht, das Leben zu erhalten. Sie schaffen dazu Bedingungen, die ihre Fortexistenz sichern.
Einerseits muss ein Zustand des Gleichgewichts aufrechterhalten werden (Homöostase), andererseits müssen Vorkehrungen dazu getroffen werden, die Umwelt zu erkennen und lebenswichtige Veränderungen des umgebenden Milieus identifizieren zu können. Dies ist die Voraussetzung dafür, auf derartige Veränderungen reagieren zu können.
Neben dem Prinzip der Selbsterhaltung spielt das Prinzip der Selbstentfaltung eine entscheidende Rolle. Es kommt nicht nur darauf an, sich anzupassen und zu überleben (Selbsterhaltung), sondern - besonders bei höher entwickelten komplexen Systemen - auch darauf, seine Individualität zu entfalten, Entwicklungsnieschen zu finden und die Umwelt aktiv an die eigenen Bedürfnisse anzupassen (Selbstentfaltung). Diese komplizierten Identifizierungs- und Verhaltensregeln dürfen nicht verlorengehen. Sie werden in Form eines genetischen Gedächtnisses festgehalten.
Diese prinzipiell einfachen, aber natürlich praktisch schwierig umzusetzenden Regeln sind allen lebenden Systemen gemeinsam, da sie sich auseinander heraus entwickelt haben.
Auch der Mensch verfügt über derartige Identifizierungsmöglichkeiten und Verhaltensprogramme.
Kennzeichnend für den Menschen ist, dass er zwar die gleichen Zielvorgaben hat, dass er jedoch dank seines Gehirns sehr flexibel hinsichtlich seiner Möglichkeiten ist, die gesetzten Ziele zu erreichen.
Die Zielvorgaben könnte man kurz als "Selbsterhaltung" und als "Selbstentfaltung" umschreiben. Mit diesen beiden Zielen ist jedes lebende System, auch der menschliche Säugling, ausgestattet. So banal dies ist, so wichtig ist es auch, dies festzuhalten. Neben den übergeordneten Verhaltenszielen sind offensichtlich Verhaltensregeln wirksam, die durch Schmerzreizvermeidung gekennzeichnet sind. Freud sprach von Lust- und Unlustprinzip (Unlustvermeidungsprinzip).
Die Verhaltensforschung geht grundsätzlich davon aus, das menschliches Verhalten erlernbar - und damit auch wieder verlernbar, abtrainierbar - ist. Dies klingt so, als

sei das menschliche Individuum in seinem Verhalten frei. Das Gegenteil ist der Fall. Die Verhaltensziele, nämlich Selbsterhaltung und Selbstentfaltung, sind nicht verlernbar. Diese werden auch für die verhaltenspsychologischen Untersuchungen vorausgesetzt. Nicht nur der Mensch, auch das Tier, kann Verhalten erlernen. Tiere "lernen" ja nicht nur deshalb, hinter welcher Tür sich Futter befindet und wie sie die Tür öffnen, weil sie lernen lernfähig sind, sondern weil sie alles dafür tun, nicht zu verhungern.

Der Mensch ist in Ausführung der genetisch vorgegebenen Zielvorgaben des Verhaltens (Selbsterhaltung, Ausbreitung) äußert flexibel und erfinderisch. Er entfaltet geradezu wunderbare Phantasien in der Entwicklung von Waffen und Mitteln, die der Ausbreitung der Art und der Nahrungsbeschaffung, also der Befriedigung der genetisch vorgegebenen Aggressivität, dienen. Der Motor und der Energielieferant für derartige Aktivitäten ist nicht die geistige Entscheidungsfreiheit des Menschen, sondern die Verhaltenssteuerung durch die Gene. Die Variabilität beim System Mensch ist Folge seiner Armut an Fähigkeiten. Diese sind ihm von der Evolution abgezüchtet worden. Die genetische Steuerung ist beim Menschen auf "Freiheit" programmiert. Diese Handlungsprogramme haben sich als nützlich für die Evolution herausgestellt und sind ständig verbessert worden, weil sich herausgestellt hat, dass eine derartige Entscheidungsfreiheit der Individuen dem Überleben und der Ausbreitung der Art dienlich sind. Die Selektion hat die Freiheit gezüchtet. Aber nicht, um den Individuen etwas Gutes zu tun, sondern um der Art zu nützen.

Der Mensch besitzt durch seine Gene alle Eigenschaften seiner Vorgänger im Lauf der Evolution, bis zur Amöbe.

Kommt der Mensch in seiner Entwicklung nicht so weiter wie bisher, schlägt er eine andere Entwicklungsrichtung ein. So ist es im Berufsleben, so ist es auch im Liebesleben. Stößt der Mensch auf Widerstand, ändert er seinen Kurs. Bekommt er nicht die erstrebte Position, versucht er es in einer anderen Berufssparte. Bekommt er nicht seine Angebetete, sucht er sich eine andere Frau. Dies ist das Verhalten der Amöbe. Sie streckt ihre Pseudopodien aus und bewegt sich dorthin, wo weniger Widerstand ist.

Genauso ist es mit anderen Verhaltensweisen. Der Mensch hat selbstverständlich auch andere Verhaltensmöglichkeiten, zum Beispiel auch die Widder-Eigenschaft oder die Schnecken-Eigenschaft. Man erkennt die tierische Wurzel einer menschlichen Verhaltensweise besser, wenn man sich frei macht von der Vorstellung, dass die Grenze des menschlichen Individuums bei seiner Haut aufhört. Die Amöben-Eigenschaft wird erst deutlich, wenn man sich klar macht,

dass das Geld und der Besitz des Menschen zu seinem Selbst gehört. Erst durch die Erfindung des Geldes kann der Mensch überhaupt seine Amöben-Eigenschaften entfalten.
Durch die Erfindung des Flugzeuges kann der Mensch seine Vogeleigenschaften entfalten, durch die Erfindung des Jaguar-Autos seine Jaguar-Eigenschaften. Daher der Erfolg von Werbung und Namen. Sein Immobilien-Besitz macht den Menschen zum Baum. Dem Menschen ist also auch die Aktivierung von Pflanzen-Eigenschaften möglich. Elias Canetti spricht von "Verwandlung" (Canetti 1960).
Das System Mensch hat sich seine Amöben-Eigenschaften durch die Erfindung des Geldes wieder verfügbar gemacht.
Durch diese Flexibilität seiner System-Grenzen besitzt es wieder die Flexibilität der Amöbe.
Der Mensch hat durch seine Amöben-Eigenschaft erreicht, dass er sich Entwicklungsnieschen für die Evolution eröffnet hat. Er kann sich durch die Erfindung des Geldes in Richtungen entfalten, die vorher für ihn undenkbar waren.
Andererseits hat diese Eigenschaft der flexiblen Begrenzung auch eine andere Folge: es entstehen dadurch bedeutend mehr Berührungs- und Angriffspunkte der Systeme menschliches Individuum. Die inter-individuelle Aggression der Menschen nimmt im Vergleich zu anderen offenen begrenzten lebenden Systemen sprunghaft zu. Wie schon erwähnt, ist zur Regulierung dieses aggressiven Verhaltens das Geld "erfunden" worden und die Sprache, die nicht nur der Regulierung interindividueller Aggression dient, sondern insbesondere auch der Steuerung von Angriffs- oder Verteidigungsverhalten der Gruppe (des Staates).

4.3.
Die Sprache

Der Mensch hat sich die Sprache zu eigen gemacht. Ursprünglich war Sprache das Mittel, um sich in der Gruppe optimaler zu organisieren. Insofern ist Sprache bzw. ihre organische Grundlage, das Gehirn, von den Genen "erfunden" worden. Sprache diente ursprünglich dem System Staat dazu, sich gegen andere Systeme Staat besser durchzusetzen. Es gibt deshalb mehrere (viele) Sprachen. Grundsätzlich hat jede Genart Mensch ihre Sprache bzw. jedes System Staat seine Sprache. Sprache ist im Ursprung also ein Instrument der Art, um sich gegen konkurrierende Arten zu behaupten und sie definiert bereits eine geistige Grenze zum Nachbarstaat. Das Geistige an sich ist also eine Schöpfung der Gene.

Aber: der Mensch hat sich als Individuum, als System Mensch, die Sprache angeeignet und sie zur Grundlage einer neuen Informationsspeicherung gemacht. Die Gene können zwar Information über materielle Baupläne und Verhaltensweisen von Systemen speichern, auch über den Bau von Gehirnen und deren Funktionsweise. Sie können aber keine Inhalte des Denkens speichern.
Das Speichermedium über Denkinhalte (das Gehirn) ist ursprünglich genauso sterblich wie das System Mensch. Dauerhaft, die Lebenszeit der Individuen zeitüberdauernd, sind nur genetische Informationen, nicht das, was im Gehirn gespeichert ist. Das Gedächtnis des Systems Mensch stirbt mit dem Individuum Mensch. Dies ist der Wille der Gene. Nur sie selbst sollen dauerhaft sein, sich möglichst unendlich in der Zeit und im materiellen Raum ausbreiten.
Dem hat jedoch das System Mensch ein Schnippchen geschlagen.
Der Mensch, und zwar das System Mensch, hat die Symbole und die hirnexterne Speicherung dieser Symbole erfunden. Mit Hilfe der Sprachsymbole (und auch z.B. mathematischer Symbole), der Schrift und deren Speicherung auf Steinen, Papier, Disketten und Festplatten hat es das System Mensch geschafft, sein Denken unsterblich zu machen.
Das System Mensch hat sich einen immateriellen Raum geschaffen, in dem es sich unendlich ausbreiten kann. Es hat damit den Begriff "Selbstentfaltung" neu definiert, ja erst gebildet.
Es hat mit der hirnexternen Speicherung von Informationen eine Eigentumsart geschaffen, die das individuelle Leben des Systems Mensch überdauert und damit in Konkurrenz zur Informationsspeicherung der Gene tritt.
Zum Selbst, zur Identität, zum System Mensch gehört nunmehr ein geistiges Eigentum, das wie das materielle Eigentum die Lebenszeit des Individuums überdauert. Im Regelfall ist dieses geistige Eigentum nicht besonders groß. Von Bedeutung ist jedoch, dass es als geistiges Phänomen keinen materiellen Raum beansprucht. Probleme, die sich um die Verteilung des auf der Erde verfügbaren materiellen Eigentums ranken, treten bei der Aneignung und Entfaltung des geistigen Eigentums nicht auf. Zwischen den Menschen gibt es keine Konkurrenz um die Aneignung dieses geistigen Eigentums, da es sich jedermann aneignen kann. Gerade auf wissenschaftlichem Gebiet wird dieses Eigentum in rasanter Geschwindigkeit zum Eigentum aller Individuen (Wissen der Menschheit). Auf künstlerischem Gebiet und auf technischem Gebiet ist dies etwas anders (Patente). Leider werden diese Individuen, die in den unendlichen geistigen Raum vorstoßen, von den Systemen Staat und von anderen Systemen Mensch ausgebeutet, die sich

durch Vermarktungsrechte materiell an den Ideen anderer bereichern, sich dadurch im Raum ausbreiten und das System Menschheit vernichten.

Das Individuum Mensch ist nicht nur Entdecker neuer geistiger Räume, sondern auch Speicher- und Fortentwicklungsorgan für die neu entdeckten Räume. Was die Gene für die Entwicklung der genetischen Information sind, sind die menschlichen Individuen für die Entwicklung der geistigen Information.

Das System Mensch ist erst durch dieses geistige Eigentum entstanden, vorher existierte der Mensch als Gruppenteil, als Nummer einer Art Mensch, als bedeutungsloses Element des Systems Staat. Erst mit der Schaffung der neuzeitlichen Speichermöglichkeiten für dieses geistige Eigentum entstand überhaupt die Möglichkeit, dass sich das System Mensch als Individuum etabliert und als begrenztes lebendes System selbst definiert. Das System Mensch kann sich durch die Eigenart seines Denkens und seines geistigen Eigentums von anderen Individuen abheben und zum offenen begrenzten lebenden System werden, das sich aus der Masse der Elemente des Staates abhebt. Insofern hat die Entwicklung des Menschen zum System Mensch, zum eigentlichen Individuum, erst gerade begonnen. Jeder Mensch ist also mehr oder weniger ein eigenes individuell unverwechselbares sterbliches (vorübergehend lebendes) offenes System.

Das Positive an der Schaffung dieses geistigen Eigentums ist, dass es sich im Prinzip jedes andere System Mensch aneignen kann, es also zum Eigentum der Summe der menschlichen Individuen werden kann. Dies trägt zur rasanten Evolution dieses Eigentums der Summe der Menschen bei (Wissenschaftliche Entwicklung). Davon im nächsten Kapitel.

Das Negative ist, dass sich die Systeme Staat, also die Gene, dieses Eigentum ebenfalls aneignen und für ihre Zwecke mißbrauchen. Es entsteht also ein Konflikt zwischen den Individuen Staat (den Repräsentanten der genetischen Information) und den Individuen Mensch um die Aneignung und Nutzung dieses neu entstandenen geistigen Eigentums. Davon im übernächsten Kapitel (Kapitel 6).

Kapitel 5
Die Bedeutung nichtgenetischer Information für die Evolution

5.1.
Was ist Evolution?

Evolution definiere ich folgendermaßen:
Evolution ist die Weiterentwicklung und Weitergabe von Informationen über die Konstruktion und die Verhaltensregeln lebender (begrenzter offener) Systeme mit dem Ziel, lebende Systeme weiterzuentwickeln.
Es gibt genetische und nicht-genetische Evolution.
Genetische Evolution betrifft sozusagen nur die "Hardware". Die "Software", die Handlungen im Einzelnen, sind abhängig von den Erfahrungen und der Umwelt der Lebewesen. Dauerhafte Speicherung von Information über den Tod des Individuums hinaus findet der "Evolutionstheorie" zufolge nur über die Gene statt, so dass im individuellen Leben erworbene Informationen (Erfahrungen) nicht an die Tochtergeneration weitergeben werden können.
Mittels Genen wird aber Information nicht nur konserviert, sondern auch entwickelt. Die gespeicherten Konstruktionspläne verändern sich, sie experimentieren. Evolution heißt ja gerade Entwicklung. Evolution ist nicht nur Speicherung, sondern auch Entwicklung von Konstruktionsplänen und Verhaltensplänen. Diese Entwicklungskomponente der Evolution wird von den Evolutionsbiologen vernachlässigt. So wird zum Beispiel gesagt, genetische Rekombination sei die Quelle der Verschiedenartigkeit, die von der "Selektion" dann selektiert werde (z.B. Mayr).
Dabei wird folgendes Problem verschleiert:
Durch genetische Rekombination können zwar andere Arten bzw. Spezies entstehen (mittels Selektion). Aber: die Evolution hat ja mit einem einfachen kurzen Chromosomenpaar begonnen und hat zur Entwicklung von längeren und mehr Chromosomen geführt (die Quantität der Erbmasse hat sich vergrößert). Wie erklärt die Biologie die Verlängerung und Vermehrung von Chromosomen? Zur Erklärung dieses Phänomens habe ich bereits die Vereinigungsregel (Prinzip Zusammenschluß mehrerer Systeme gleicher Ebene zu einem komplexeren System)

angeführt. Vielleicht gilt diese Regel auch für die Verlängerung und Vermehrung von Chromosomen.
Die Genetiker halten die Gene für das einzige, das Information an die Nachwelt weiterträgt. Genetisch vererbt werden Informationen über die Konstruktion lebender Systeme sowie auch Handlungsprogramme für diese lebenden Systeme.
Es gibt aber auch Evolution ohne Gene. Diese Art der Evolution ist typisch für das Individuum Mensch. Wenn das Individuum stirbt, sterben seine Gene - falls er sie nicht inzwischen an die nächste Generation weitergegeben hat. Es stirbt sein Körper.
Es überleben aber nicht nur die Chromosomen, die er an seine Kinder weitergegeben hat, sondern es überlebt ihn auch sein materielles Eigentum, sein Geld, sein Haus usw. und natürlich sein geistiger Besitz - soweit er ihn niedergeschrieben hat auf Papier, Diskette oder einen anderen Datenträger. Und er hat die Möglichkeit, individuelle Erfahrungen durch Erziehung und Ausbildung weiterzuvermitteln.
Erworbene Eigenschaften gehen also mit dem Tod des menschlichen Individuums nicht verloren.

5.2.
Das materielle Eigentum

Eigentum ist das, was mein "eigen" ist, etwas, über das ich verfügen kann. Dies wurde bereits ausführlicher geschildert (siehe Kapitel 4).
Die Nachkommen des Individuums beerben ihre Eltern. Dies ist sogar gesetzlich geregelt. Diese Erbschaft betrifft das materielle Eigentum des Erblassers. Diese materielle Erbschaft liefert den Nachkommen in erster Linie Energie, Kraft, eben Geld. Geld ist formloses und damit formbares Selbst, es kann von den Erben zur Entfaltung ihres Selbst eingesetzt werden. Es ist damit dem Nährstoff vergleichbar, den das Hühnchenembryo in seinem Ei vorfindet oder der Weizenkeimling im Korn. Es wird also noch etwas anderes außer den Genen weitergegeben. Nämlich das materielle Eigentum des Verstorbenen, das nicht zu seinem Körper gehört. Dieses Eigentum hatte das Individuum zu Lebzeiten auch unter diesem Gesichtspunkt geschaffen. Es trägt nämlich zur Verbesserung der weiteren Überlebenschancen seiner Gene bei. Es dient also nicht nur dem System Mensch, sondern auch dem System Genart, dem System Staat.
In der Regel haben menschliche Individuen, die über kein materielles Eigentum verfügen, mehr Nachkommen als Individuen mit großem materiellen Eigentum. Warum das? Wer kein Geld hat, hat ja natürlicherweise keine Chancen, seine

Nachkommen großzuziehen. Diese Möglichkeit besteht ja nur durch die modernen Sozialstaaten. Wahrscheinlich haben Individuen mit wenig materiellen Eigentum (also kleinere Individuen) deshalb mehr Nachkommen, weil die natürliche Überlebensmöglichkeit der Nachkommenschaft geringer ist. Je geringer die Überlebensmöglichkeit bis zum Erreichen der Geschlechtsreife, desto mehr Nachkommen benötigt das Individuum, um seine Gene fortzupflanzen. So ist es jedenfalls auch im Tierreich. Jede kleiner und schutzloser die Individuen einer Tierart sind, desto mehr Nachkommen erzeugen sie.

Für Reiche ist es im Gegenteil sinnvoller, weniger Nachkommen zu haben, da sich das Erbe dann nicht auf so viele Nachkommen verteilt. Dies ist wohl genetisch so programmiert.

Eine Erbschaft in Form einer größeren Geldsumme machen, ist deshalb für das Individuum von großem Vorteil, weil Geld Selbstentfaltungsmöglichkeiten eröffnet. Geld vermehrt die Handlungsmöglichkeiten.

5.3.
Die Suche nach Neuem

Die Erhöhung der Handlungsmöglichkeiten einer Tierart, die Selbstentfaltung der Gattung und der Arten Mensch, ist ja der eigentliche Zweck der Evolution. Die Selbsterhaltung allein bedeutet ja Stillstand. Wenn Evolution lediglich die weitere identische Abbildung des genetischen Materials wäre, gäbe es keine Entwicklung, keine neuen Arten usw.. Der Sinn des immer weiteren Überlebens (der Selbsterhaltung) liegt ja in der Suche nach Neuem (Selbstentfaltung). Dieses Neue muss natürlich auch wiederum erhalten werden. Das bedeutet aber nicht - wie die Genetiker behaupten -, dass es in Form genetischer Information erhalten werden muss. Entfaltet das Individuum zum Beispiel - ermöglicht durch seine finanziellen Mittel - bisher ungeahnte wissenschaftliche, technische, handwerkliche oder künstlerische Fähigkeiten, so kann es nicht nur seinen persönlichen Nachkommen, sondern der Menschheit überhaupt, Neues hinterlassen, das nicht mehr verloren geht. Dies ist ja auch der Grund, warum die Gesellschaft daran interessiert ist, Nachkommen finanziell schwacher Individuen überleben zu lassen.

Das Schaffen von derartigem Neuen ist typisch menschlich.

Das Schaffen neuer überlebensfähiger Gene war bis zum Menschen nie die Leistung eines tierischen Individuums. Das Individuum war bis zur Entwicklung der Gattung Mensch lediglich das Mittel der Gene, sich zu vervielfältigen und zu verändern. Ansonsten ist das tierische Individuum nutzlos. Es trägt durch seine

Aktivitäten nicht (oder nur wenig im Vergleich zum Menschen) zu einer Entwicklung bei, lediglich zur weiteren Erhaltung der Gene. Im Gegensatz dazu kann das Individuum Mensch etwas Bleibendes schaffen, das seine individuelle Lebensdauer überdauert. Diese Eigenschaft, die Lebensdauer des Individuums zu übersteigen, haben nicht nur die Gene, sondern auch die Werke, die Schöpfungen, des menschlichen Individuums - und natürlich auch die Produkte menschlicher Gruppen.

Der Arbeiter, der an einer stählernen Brücke mitbaut, schafft etwas, das ihn überlebt usw..

5.4.
Das geistige Eigentum

Vergleichbar mit der Tätigkeit der Gene, die sich ja langsam im Lauf der Zeit auch vermehren und verkomplizieren und Neues bilden, ist auch die geistige Erbschaft des Menschen. Hier komme ich zum Thema des Kapitels.

Das gesammelte geistige Erbe der Individuen Mensch steht heute jedem System Mensch, das lesen kann, zur Verfügung.

Während neue Erbinformation, die in Chromosomen gespeichert sind, immer nur an eine sehr begrenzte Anzahl von Individuen weitergegeben werden kann (nämlich an die leiblichen Kinder), kann neues Wissen an alle Menschen weitergegeben werden.

Dies beschleunigt die Entfaltungsmöglichkeiten der Menschen so enorm. Das gesammelte Wissen gehört nicht mehr dem Individuum, auch nicht dem System Staat, sondern grundsätzlich dem System Menschheit.

Die Weitergabe von Wissen durch Sprache beschleunigt den Entfaltungsprozeß der Menschheit. Gene sind im Vergleich dazu langsamer als langsam.

Wissenserweiterung durch Experimente und Wissensvermittlung durch Sprache machen genetische Selektion überflüssig.

Um es noch einmal zu wiederholen: das Schaffen von Neuem, das, was man als Weiterentwicklung bezeichnet, ist der Sinn der Evolution. Evolution ist nicht nur Speicherung von Erbinformation, sondern eben Entwicklung, also Veränderung oder Erweiterung von vererbbarer Information.

Evolution bekommt eine völlig neue Bedeutung bei der menschlichen Weitergabe von geistigem Erbe, bei der Weitergabe von Wissen durch Sprache. Die genetische Evolution wird durch das Individuum Mensch um die geistige Evolution erweitert.

Dem Individuum steht mehr geistige Erbinformation zur Verfügung, als es in seinem Gehirn speichern kann. Also ist das Individuum gezwungen, Information zu selektieren.
Das, was die Umwelt mit der genetisch gespeicherten Information macht, nämlich das Lebensfähige zu selektieren, macht der einzelne Mensch mit dem Wissen, das ihm angeboten wird. Er sucht sich das heraus, was für ihn interessant ist, er selektiert.

5.5.
Die Evolution menschlicher Produkte

In der Evolution der Produkte (der Werke) des menschlichen Geistes gibt es die gleichen Selektionsmechanismen wie bei der genetischen Evolution.
Nehmen wir die Evolution der Idee "Auto".
Ein Mensch hat sich den Motor ausgedacht, ein wichtiges neues "Gen", das ausschlaggebend war, Autos konstruieren zu können. Bereits vorher waren eine Reihe von Erfindungen nötig (z.B. das Rad und die Straße), auch nach der Erfindung des Motors waren weitere Erfindungen nötig, um das Auto der Jetztzeit konstruieren und produzieren zu können.
Die Konstruktionsideen, die Erfindungen, waren das eine (nämlich der Genotyp). Das andere ist der Phänotyp des Autos, sein Aussehen. Das äußere richtet sich nach den Erfordernissen der Umwelt, nach bestimmten Vorgaben.
Zum Beispiel nach der Vorgabe, möglichst wenig Energie für den Gebrauch des Autos zu verbrauchen. Unter dieser Vorgabe wird der Motor weiterentwickelt, andere Energieträger werden ausprobiert. Letzten Endes entscheidet der Käufer, welches Auto sich weiterentwickeln kann und welches der Selektion zum Opfer fällt und nicht weiter produziert wird.
Das Auto muss sich natürlich bewähren. Nicht nur der Motor, auch die anderen Funktionssysteme (Bremsen usw.) müssen funktionieren. Aber: sie dürfen auch nicht ewig funktionieren. Die Lebensdauer des Autos muss begrenzt sein, sonst gibt es auch hier keine Evolution, keinen Fortschritt. Auch dieser Aspekt, der Sinn der Begrenzung der Lebensdauer, haben die Evolution der Tiere und die Entwicklung menschlicher Produkte gemeinsam. Und auch den Aspekt des äußeren Erscheinungsbildes. In der Natur schmücken sich die Individuen für die Partnersuche. Das Tier muss um den Sexualpartner werben, um seine Gene weiter konservieren zu können. Genauso ist es mit den Autos: das äußere Erscheinungsbild, das Design, entscheidet mit darüber, welche Autos verkauft werden und

welche Modelle auslaufen. Werbung ist nicht nur im Tierreich wichtig, sondern ist auch ein entscheidender Faktor bei der Evolution menschlicher Produkte. Sie entscheidet mit darüber, welche Produkte sich weiterentwickeln können bzw. welche selektiert werden. Kurz gesagt: nach der Erfindung des Autos entsteht eine Autoindustrie, eine Vielfalt von Firmen und Modellen, die alle ihre Berechtigung und ihre Käufer haben. Es entsteht nicht das Einheitsauto, sondern ein Welt der Autos mit vielen Arten und Spezies. Und: einmal erfunden, entwickelt sich das Auto weiter. Man könnte fast meinen, der Mensch sei nunmehr nur noch ein Werkzeug des Autos mit der Aufgabe, die Evolution des Autos weiter aufrecht zu erhalten.

Das Auto ist ja aber nur ein Beispiel von vielen.

Ein weiteres und wichtigeres Beispiel ist die Evolution der Wissenschaften, zum Beispiel die Evolution der Physik oder die der Philosophie.

Die Evolution des Pflanzen- und Tierreichs setzt sich also fort in der Evolution der menschlichen geistigen (immateriellen) Konstruktionen und der menschlichen Produkte (als "Phänotyp").

5.6.
Die Evolution in den Wissenschaften

Wissenschaftliche Erkenntnisse entwickeln sich nach den gleichen Regeln weiter wie die Gene, nämlich durch Mutation und Selektion.

Der Wissenschaftler denkt sich eine Theorie aus (Neuschöpfung eines Gens) oder verändert eine bestehende Theorie (Mutation). Mit Hilfe von Versuchen verifiziert oder falsifiziert er die Theorie. Das ist die Selektion.

Auf diese Weise entwickeln sich wissenschaftliche Erkenntnisse genauso weiter, wie sich genetische Information weiterentwickelt.

Dies ist kein Zufall. Ohne es zu wissen, hat die Wissenschaft die Art des Erkenntnisgewinns der Gene "kopiert". Tatsächlich ist es mit Sicherheit andersherum. Das Denken des Menschen ist durch seine Gene programmiert und daher arbeiten sein Gehirn und seine Hände genauso wie seine Gene und die Umwelt.

Von Vorteil ist eine neue genetisch gespeicherte Information nur, wenn sie in einer gegebenen Umwelt zu besseren Überlebensmöglichkeiten führt. Ebenso ist es mit einer wissenschaftlichen Theorie. Der Fortschritt der genetischen und der wissenschaftlichen Evolution wird stets von der Umwelt definiert.

Der geistige Fortschritt in der Wissenschaft und auch in den Künsten (z.B. Musik) findet nach den gleichen Regeln wie die Evolution der Gene statt.
Wie organisieren die Gene den Fortschritt?
Der Fortschritt, eben die Evolution, wird nicht durch die Masse erreicht, sondern durch die Außenseiter. Die Außenseiter, die Ausreißer, sind es, die in Krisensituationen für die Weiterexistenz sorgen. Die Mutanten sind es, die neue Nieschen für Entwicklung entdecken.
Die gleichförmige Masse sorgt für das Überleben, die Selbsterhaltung der Art, die Mutanten sorgen für den Fortschritt, für die Evolution, für die Entwicklung neuer Arten. Der Fortschritt kommt nicht durch die Normalität, sondern die Varianten der Normalität, durch die Abweichungen vom Standardmaß.
Aus diesem Grund sollten sich die Menschen besinnen und ihre Mutanten besser behandeln. Dabei denke ich nicht in erster Linie an Chromosomenaberrationen mit körperlichen Normabweichungen, sondern an die geistigen Normabweichler. Der Mensch evolviert durch seine geistigen Leistungen. Diese geistigen Leistungen werden nicht vom Durchschnittsmenschen vollbracht, sondern von den Irren, den Genies, von denen, die sich nicht an die bisher herrschenden geistigen Regeln und Normen halten.
Diese haben die Ideen, die die Menschheit weiterbringen, machen die Erfindungen, entdecken neue physikalische Gesetze, neue Produkte, entdecken neue künstlerische (musikalische) Ausdrucksformen.
Aber wie geht die Menschheit mit diesen Trägern ihrer geistigen Evolution um?
Sie werden ausgebeutet, verfolgt, verlacht, mißachtet, in Irrenhäuser gesteckt, isoliert, unterdrückt und hingerichtet. Manche werden posthum verehrt. Mit den lebenden Normabweichlern wird jedoch so weiterverfahren wie bisher.
Die Menschheit bekämpft ihre Spinner wie eh und je, statt sie zu pflegen und ihnen Bedingungen zu schaffen, die ihre Kreativität fördert.

5.7.
Die nichtgenetische Evolution künstlicher Systeme

Evolution im Sinne von Entwicklung findet also nicht nur auf der Ebene genetischer Informationsspeicherung (Speicherung von Information über lebende Systeme) statt, sondern auch auf der Ebene der Speicherung von Information über die Konstruktion nichtlebender Systeme in Form von Sprache und mathematischer Zeichen. Das lebende System Mensch hat eine weitere Möglichkeit geschaffen, Information über die Lebensdauer der Individuen hinaus zu vermitteln und zu verbessern (zu entwickeln). Allerdings betrifft diese Information nicht - oder kaum - Information über lebende Systeme. Diesbezüglich reichen die vom Menschen geschaffenen Informationsspeicher nicht aus. Es ist enorm und bisher unnachahmlich, wie viel Information die Natur auf kleinem Raum (nämlich dem Raum, den die Chromosomen einnehmen) speichern kann. Gegen die Speicherkapazität eines Chromosoms ist der größte Superchip ein Klacks.

Ich möchte die Welt der natürlichen Systeme ergänzen um die der wissenschaftlichen und technischen Systeme, der künstlichen Systeme.

Es gibt also natürliche - tote, lebende und sterbliche- Systeme sowie die vom Menschen geschaffenen wissenschaftlichen und technischen Systeme. Zusammen könnte man sie die künstlichen Systeme nennen. Diese sind jedoch eine Fortsetzung der ursprünglich im Urknall angelegten Entwicklungsmöglichkeiten. Insofern ist auch das System Mensch nur Werkzeug oder ein Zwischenschritt. Die Entwicklung von Wissenschaft und Technik ist die logische Fortsetzung der Evolution auf einer neuen Ebene. Das hängt damit zusammen, dass das materielle und geistige Eigentum des Individuums Mensch zu ihm gehört wie sein materieller zeitlicher Körper. Der Mensch hat eben nicht nur seinen sterblichen Körper, sondern auch noch einen materiellen (Geld und sonstiges Eigentum) leblosen und seinen geistigen Körper, die nicht mit dem Tod seines sterblichen lebenden Körpers sterben.

Diese Körper geben Information und Energie an seine Nachkommen und auch gegebenenfalls Information an die gesamte Menschheit weiter. Sie sind Informationsträger wie die Gene.

5.8.
Die Evolution erworbener Eigenschaften

Schließlich möchte ich noch einen Gedanken anfügen, der in das eindringt, was für die eigentliche Aufgabe der Evolution der Gene gehalten wird.

Die Charaktereigenschaften des Menschen werden genetisch vererbt. Eigenschaften, die im Leben erworben werden, können nicht vererbt werden.

Selbst dieses Gesetz wird durch den Menschen zwar nicht verändert, aber der Mensch sorgt dafür, dass bestimmte menschliche Eigenschaften schneller selektiert werden.

Hierbei spielt die Erfindung des Geldes eine entscheidende Rolle.

Wie entscheidet ein Individuum, welche seiner vorhandenen Eigenschaften es trainiert, fördert, ausbaut, vervollkommnet?
Einfach dadurch, dass es das tut, mit dem es am einfachsten am meisten Geld verdient.
Ich beispielsweise könnte mit meiner Hände Arbeit kein Geld verdienen, daher verdiene ich mein Geld durch geistige Arbeit. Der Reiz des Geldes bringt viele Individuen dazu, möglichst schnell ins Berufsleben einzutreten, andere reizt es, Erfindungen zu machen, die finanziell belohnt werden usw..
Das Geld hat also die Funktion der Selektion menschlicher Eigenschaften. In dem Moment, in dem eine Eigenschaft, die genetisch verankert ist, dazu führt, dass das Individuum besonders viel Geld mit Hilfe dieser Eigenschaft verdient und sich durch dieses Geld besondere Vorteile bei seiner genetischen Fortpflanzung verschafft, werden auch diese Eigenschaften besonders vermehrt. Wird Geld in die Bauindustrie gesteckt, entstehen viele Individuen, die ihre handwerklichen Fähigkeiten trainiert haben usw.. Wird schnelles Rennen finanziell belohnt, dann rennen die Menschen auch schneller, Weltrekorde werden immer wieder verbessert. Wird fußballerische Leistung besonders belohnt, entwickeln besonders viele Individuen ihre fußballerischen Fähigkeiten.
Die natürliche Selektion wird durch das Geld (das materielle Eigentum) beschleunigt.
Das Geld macht außerdem, und das scheint noch wichtiger, die genetische Selektion überflüssig.
Die Menschheit braucht nicht zu warten, bis Menschen mit besonderen Eigenschaften, die genetisch verankert sind, entstehen. Wenn ein Bedarf an Menschen mit bestimmten Eigenschaften vorhanden ist, wird dieser Bedarf durch einen besonderen materiellen Anreiz ausgestattet. Das führt dazu, dass viele Menschen, die die erforderlichen Eigenschaften ansatzweise besitzen, diese Eigenschaften besonders trainieren. Der Bedarf an diesen Eigenschaften kann also sofort, innerhalb von Monaten oder Jahren, die eine besondere Ausbildung in Anspruch nimmt, gedeckt werden, und nicht erst in Generationen, bis eine genetische Selektion stattgefunden hat.
Eine Genmanipulation, wie sie demnächst vorstellbar wäre, ist also beim Menschen überhaupt nicht erforderlich, sogar schädlich, der derzeitige Mensch ist nämlich lernfähig und kann umlernen. Dies geht schneller als die genetische Züchtung von Eigenschaften, die vielleicht später gar nicht mehr benötigt werden.

Genau betrachtet ist der Mensch eine Züchtung der Natur, die durch ihre Eigenschaftsarmut gekennzeichnet ist. Der Mensch ist weder das stärkste, noch das schnellste Tier, er kann nicht besonders gut sehen und riechen usw..
Er besitzt wenig besondere Eigenschaften.
Aber er hat das besondere Organ der Hände, ist intelligent und er ist lernfähig. Er wird mit vielen Mängeln geboren und muss daher viel lernen.
Dies befähigt ihn, sich äußerst schnell anpassen zu können, bedeutend schneller als es genetisches Lernen kann.
Es wäre daher ein Rückschritt, wenn man mit den Möglichkeiten der Gentechnik versuchen wollte, Menschen herzustellen, die besondere genetisch festgelegte Eigenschaften haben. Die Natur ist gerade darauf aus, genetisch festgelegte Eigenschaften - und auch festgelegte Handlungsprogramme - abzuzüchten. Das Ziel der Natur besteht in der Vereinfachung.
Genetisch festgelegte Handlungsprogramme sind störend, gewünscht ist Flexibilität.
Beim lebenden System "Mensch" sind zwei Zielprogramme geblieben, nämlich die Zielprogramme "Selbsterhaltung" und "Selbstentfaltung", alles andere ist offen geworden.
Dieses Offenwerden hat viel Zeit und Wege gekostet. Ziel der Evolution ist die Vermehrung der Handlungsmöglichkeiten zur Erreichung dieser Ziele (Selbsterhaltung, Selbstentfaltung), die Erhöhung des Freiheitsgrades der lebenden Systeme.
Wahrscheinlich lässt sich eine derartige Linie der Vermehrung von Freiheitsgraden von den Elementarteilchen bis zum Menschen ziehen.

5.9.
Anpassung und Freiheit

Auch an diesem Endpunkt zeigt sich die Vereinbarkeit von Freiheit und Anpassung.
Anpassung ist die Voraussetzung von Freiheit. Ohne Anpassung an die Umwelt und an die Kommunikationsregeln (verbale und nonverbale Sprache) der menschlichen Gemeinschaft ist kein Überleben und damit keine Selbstentfaltung möglich.
"Selbst"-Entfaltung ist gleichzeitig etwas Banales und etwas Mysteriöses. Die Entfaltung des "Selbst" ist das, was über die Anpassung hinausgeht.
Was entfaltet sich denn da eigentlich? Hat Hegel doch recht damit, dass sich Gott entfaltet?

Selbstentfaltung ist der Aspekt, der zur Änderung der Umwelt führt, der über Anpassung hinausgeht. Es wird etwas geschaffen, was es vorher noch nicht gab und was die zeitliche Existenz des lebenden Systems möglichst überdauert.
Dies trifft auf neue überlebensfähige Genkombinationen zu, aber auch auf das Phänotypische und auf die Produktionen der lebenden Systeme (z.B. Nester bei Vögeln, Ameisenhaufen, Städte usw.). Aber: es entstehen immer neue Wege, das Alte wird von Neuem abgelöst. Die Natur experimentiert, sie versucht viele Wege.
Was es aber ist, das sich dabei entfaltet, weiß ich nicht. Ich kann es mit meinem kleinen Verstand nicht begreifen. Ich bin ein Zwischenprodukt und Werkzeug und weiß nicht, was der, der da experimentiert, vorhat.
Allerdings hat die Menschheit mehr Möglichkeiten als alle lebenden Systeme vorher, den weiteren Gang der Dinge aktiv zu beeinflussen. Sie kann zum Beispiel der weiteren Evolution menschenähnlicher lebender Systeme durch eine atomare Verseuchung der Erde ein abruptes Ende setzen oder durch weitere Umweltverschmutzung ein langsames Ende des lebenden Systems Mensch herbeiführen.
Dazu verweise ich auf das Gedankenspiel "Kreis" (Kap.3.24).

5.10.
Die Beendigung der genetischen Evolution

Gibt es ein Argument gegen die Einschränkung des Wachstums der Menschheit und die Selbststeuerung ihres Wachstums?
Ja.
Und hat dieses Argument noch Gültigkeit?
Nein.
Das Argument, das gegen eine Begrenzung des Wachstums der Menschheit sprechen würde, wäre das der Evolution:
Die Evolution hat immer etwas Neues hervorgebracht.
Würde man die Menschenzahl konstant halten und damit den Konkurrenzdruck, den "Kampf ums Dasein" stoppen, dann würde man die Weiterentwicklung, die genetische Evolution aufhalten.
Man würde die Entfaltung des mysteriösen "Selbst" stören.
Dieses Argument kann meines Erachtens jedoch nicht mehr gelten.
Erstens sind die Menschen nicht das einzige lebende System im Universum. Wenn irgendein mysteriöses Selbst ("Gott") sich entfalten will, kann es dies auch auf einem anderen Planeten eines anderen Sonnensystems einer anderen Galaxis. Auf

der Erde herrscht nun einmal das brutale und rücksichtslose System "Staat", das aus der Evolution hervorgegangen ist, also die Regeln der Evolution am besten beherrscht. Wenn sich etwas Mysteriöses entwickeln wollte, dann hat es sich bis hierhin optimal entwickelt.

Die Entwicklung, die daran gekoppelt war, Erfahrung und Handlungsprogramme genetisch zu speichern, ist mit der Geburt des Systems Mensch allerdings beendet.

Mit der Geburt des Systems Mensch hat eine neue Art der Evolution begonnen, nämlich die geistige Evolution.

Kampf ums Dasein, Kriege der Menschen gegeneinander, weiteres Wachstum der Menschenzahl zum Zwecke der genetischen Evolution mit dem Ende des Untergangs der Menschheit ist für die Selbstentfaltung nicht mehr erforderlich.

Zur Evolution ist kein Krieg und kein Kampf der sterblichen Systeme Mensch gegeneinander mehr erforderlich.

Allerdings ist zur weiteren Entwicklung die Kontrolle der Menschenzahl ein absolutes Erfordernis, ansonsten wird die Evolution durch Kollaps bzw. kollektiven Selbstmord des Systems Menschheit aufhören.

Nicht zufällig hat das System Mensch das Klonen entdeckt. Das Klonen ist natürlich für die Weiterentwicklung der genetischen Information tödlich. Deshalb die Proteste dagegen, die viele menschliche Individuen für "moralisch" halten. Sie vertreten hier lediglich die Interessen der Gene, nicht die des Systems Mensch. Für die Weiterentwicklung des menschlichen Geistes und der geistigen Evolution wäre das Klonen eines Systems Mensch bedeutungslos. Der geklonte Mensch hätte lediglich materiell die gleichen Eigenschaften wie sein Vorbild. Die geistige Entwicklung des neu entstandenen Individuums wäre eine eigene, das äußerlich identische Abbild hätte eine eigene geistige Identität.

Durch die Geburt des lebenden Systems Mensch wird die genetische Evolution von der geistigen Evolution abgelöst.

Diese funktioniert im Grunde nach den gleichen Regeln wie die genetische Evolution.

Mit der "Geburt des Menschen" meine ich, dies ist wichtig zu wissen, die Entstehung des Individuums Mensch, des offenen begrenzten sterblichen Systems Mensch, das jedoch die Möglichkeit einer geistigen Evolution eröffnet.

Dieses System ist jünger als die Systeme Staat und das System Menschheit. Die Geburt des Systems Mensch begann etwa in der Zeit der "Aufklärung", wie N. Elias festgestellt hat. Das, was wir Evolution bezeichnen, kennt nämlich praktisch keine Individuen. Die genetische Evolution entwickelt keine Systeme Mensch, kein individuelles System Kuh, Schnecke, oder sonstwas. Die genetische Evolution entwickelt Arten und keine Individuen.

In der Evolution entwickeln sich neue Arten von Tieren oder Menschen. Die Individuen sind völlig nebensächlich, sie dienen der Evolution nur als Träger von Genen.

Deshalb ist auch stets die Überproduktion von Individuen erforderlich, weil die Überproduktion von Individuen Voraussetzung für Selektion und damit für genetische Evolution ist.

Das Schicksal des Individuums, auch des Individuums Mensch, ist der Evolution völlig gleichgültig. "Gott" hat am einzelnen Menschen überhaupt kein Interesse, das haben die gläubigen Menschen leider noch nicht bemerkt.

Sie bilden sich immer noch ein, dass sie für Gott interessant sind und bringen sich für die Aufrechterhaltung dieses Irrglaubens gegenseitig um.

Die einzelnen Menschen, die menschlichen Individuen, die offenen begrenzten lebenden Systeme "Mensch", sind deshalb wichtig, weil sie der Träger der geistigen, der nicht-genetischen Evolution sind. Träger der geistigen Evolution sind nicht Staaten oder das System Menschheit, sondern die Summe der Systeme Mensch, kurz: jeder einzelne Mensch. Die genetische Evolution "denkt" in Arten. Die geistige Evolution denkt völlig anders. Für die geistige Evolution sind die Arten egal, die Individuen sind nun wichtig. Eine Gruppe, ein Staat oder die Menschheit können nicht geistig tätig sein - sie haben kein Gehirn. Nur das Individuum Mensch, das einzelne lebende System Mensch kann denken (natürlich auch der einzelne Tiger oder das einzelne Pferd, diese allerdings nicht verbal), der Mensch ist zu geistiger Tätigkeit und geistiger Evolution in der Lage.

Das lebende System Mensch ist der Träger der geistigen Evolution.

Werden aber die Träger dieser geistigen Evolution, nämlich die Menschen, ausgelöscht (durch die Umweltverschmutzung oder einen Atomkrieg), so würde die Evolution einen Rückschlag erleiden und müsste auf der Erde von vorn beginnen.

Die Kontrolle der Menschenzahl über sich selbst ist also die Voraussetzung dafür, dass die - inzwischen geistige - Evolution weitergeht.

Es ist daher das Gebot der Stunde, dass die Menschheit den inneren Zwang der genetische Handlungsprogramme in Richtung weiterer Vermehrung zu steuern lernt und somit dem daraus resultierenden "Todestrieb" ein Ende setzt.

Die Fortführung der Evolution als geistige Evolution liegt also in den Händen der Menschen.

Das weitere geistige Vordringen in die Gesetze der Natur ist eine Selbstentfaltungsmöglichkeit, die den Systemen Mensch zur Verfügung steht.

Die genetische Evolution benötigt Ausdehnung, Raum, weil Materie im Raum existiert. Geistiges ist ausdehnungslos, benötigt keinen Raum. Deshalb stellt sich bei der geistigen Evolution die Frage der Auslese anders. Kriege und Kämpfe um Raum sind für die geistige Evolution nicht erforderlich.
Die geistige Evolution, die mit dem System Mensch begonnen hat, ist eine Selbstentfaltung des Systems Mensch, die nicht gleichzeitig und schicksalhaft eine materielle Zerstörung der Lebensgrundlage der Menschen zur Folge hat. Sie könnte auch das aggressive Streben des Systems Menschheit befriedigen. Das Fortschreiten der Menschen im geistigen Raum darf nicht vom System Menschheit aus erfolgen, sondern muss vom System Erde ausgehen. Die Forschung der Zukunft darf nicht unter der Zielvorstellung erfolgen, wie das Leben der Menschen zu verbessern wäre, sondern muss unter die Prämisse gestellt werden, das Leben des Systems Erde zu optimieren. Nur derartige Forschungsvorhaben dürften unterstützt werden. Und es müsste verhindert werden, dass sich ein System "Staat" die Forschungsergebnisse eines Systems "Mensch" aneignet und für seine staatlichen Interessen, die die Interessen der Gene sind, mißbraucht. Die geistige Evolution findet im Gegensatz zur genetischen Evolution im immateriellen Raum statt, so dass sich die Ausbreitungswünsche realisieren lassen, ohne mit anderen Individuen in Konflikt um Materielles zu kommen. Der geistige Raum ist unendlich und hat unendlich Platz, so dass Konkurrenz und Krieg überflüssig sind.
Die Nutzung der Kernkraft für staatliche Kriegszwecke ist ein Beispiel für eine Aneignung von geistigem Eigentum des Systems "Mensch" durch das System "Staat", die verhindert werden muss, wenn der Mensch als System "Mensch", als Individuum, überleben soll. Das System Mensch müsste über seine geistigen Produkte verfügen dürfen. Es müsste verhindert werden, dass das System Staat, das die Interessen der Gene repräsentiert, sich die Produkte des Systems Mensch für seine Zwecke aneignet.
Um noch einmal auf das Kreis-Gleichnis zurückzukommen:
die Weiterentwicklung der Menschheit muss abkommen von dem Prinzip Kampf des lebenden Systems Menschheit gegen den Rest der Erde bzw. gegen die vorhandenen Massenpunkte. Das System Erde (der Kreis) muss sich insgesamt weiterentwickeln in einer anderen Dimension, nämlich in seinen zweidimensionalen Inhalt, der im Fall des Systems Erde geistiger Natur und nicht körperlicher Natur ist. Träger der neuen, geistigen Evolution ist das lebende System Mensch. Dieses kann aber nur dann überleben, wenn es in seinem geistigen Streben die Selbsterhaltung des Systems Erde berücksichtigt und nicht seine eigene materielle Selbstentfaltung in den Mittelpunkt stellt.

Kapitel 6

Der Krieg der Gene gegen die Individuen

6.1.
Die Gene und der Krieg

Zum Schluß möchte ich einen Bogen schlagen zu den ersten Kapiteln. Ich habe dort behauptet, dass jedes Elementarteilchen ein Individuum sein müsse, sonst könne man Entwicklung nicht erklären. Das gleiche behaupte ich vom Menschen. Und nicht nur das: wie das Elementarteilchen hat auch der Mensch eine materielle Seite und eine immaterielle Seite. Beim Elementarteilchen sind es Welleneigenschaft und Korpuskeleigenschaft. Beim Menschen ist es die Geneigenschaft und die geistige Eigenschaft.

Die Geneigenschaft veranlasst den Menschen, seinen Stamm, seine Art, in Form eines Staatsgebildes zu organisieren und sich als Element dieses Staates zu verhalten. Es sind nämlich die Gene, die menschliches Verhalten dieser Art steuern, nicht etwa Einsicht. Der Mensch hat nicht aus irgendeiner Einsicht heraus (z.B. er könne dann besser überleben) Staaten gegründet, sondern sein Verhalten dieser Art ist genetisch gesteuert. Eine Einsicht in der Richtung, dass das Individuum in einer Gruppe oder in Form eines Staates sich besser durchsetzen könne, bestand bei der Gründung von Gruppen wohl nicht - wer das behauptet, rationalisiert.

In Kapitel 3 habe ich zu erklären versucht, wie Gruppen theoretisch entstanden sein könnten, habe den Sinn einer Gruppenbildung zu erklären versucht. Die Selektion lässt die Gruppe überleben, die sich optimaler organisiert hat, die die besseren "Ideen" hat. Dies betrifft den Ackerbau genauso wie bessere Kampftechnik. Nicht nur Gene, auch Ideen werden von der Selektion belohnt. und entwickeln sich weiter (siehe Kapitel 5).

Die Evolutionstheorie hat das "Denken" der Gene aufgedeckt. Es sind danach die Gene, die in Gruppen (nämlich in Arten) denken, nicht primär das Individuum (der Mensch). Das ist meine Interpretation der Evolutionstheorie.

Sigmund Freud wird die Aufdeckung des Unbewussten zugeschrieben (tatsächlich haben viele andere vor ihm dies getan), C. G. Jung hat vom kollektiven Unbewussten gesprochen. Das unbewusste Denken gab es bereits vor der Entstehung des

Menschen. Tiere verhalten sich ohne die für den Menschen typische bewusste Denkmöglichkeit auch zielgerichtet und sinnvoll. Selbst Tiere, die über keine Gehirn verfügen und selbst Einzeller und Tiere, die nicht einmal ein Nervensystem haben, sind zu sinnhaftem und zielgerichtetem Handeln in der Lage. Ich schließe daraus, dass zum Handeln mit den Handlungszielen Selbsterhaltung und Selbstentfaltung kein Gehirn und kein Nervensystem erforderlich ist. Dieses Handeln ist eine Äußerung der Gene, die der Verbreitung der Chromosomen und der darauf gespeicherten Information dient. Und der entscheidende Punkt ist: auch der Mensch handelt und denkt unter der Kontrolle seiner Gene. Menschliches Handeln ist nicht nur rational von ihm selbst, sondern auch genetisch gesteuert. Im Individuum Mensch treffen diese beiden Handlungsarten zusammen.

Die Gene haben zwei Verhaltensregeln:

Die eine Regel heißt Vermehrung, Vermehrung und nochmals Vermehrung, und zwar Übervermehrung.

Die zweite Regel heißt: WIR - und nicht Ich. WIR: das ist die Art. Vergrößert wird das WIR.

Übervermehrung und WIR sind praktisch zwei Seiten des Gleichen. Durch die Übervermehrung gibt es nur das WIR und nicht das Ich.

Die Gene, die Evolution, denken nämlich nicht in Individuen, sondern in Arten. Überleben ist das Ziel der Vermehrung. Vermehrung um zu überleben. Und zwar die Art soll überleben, nicht das Individuum. Das Gen will überleben. Das Gen kann nur als Art überleben. Das Gen (bzw. die auf den Chromosomen vereinte Summe der Gene, die genetische Information einer Art) ist die Einheit, die überleben will. Sie regiert die Art.

Der Versuch des Gens, zu überleben, führt zur Artbildung. Die Evolution ist die Entwicklung der Arten, der genetischen Information.

Bei ihrem Überlebensversuch verändern sich die Gene. Dadurch entstehen neue Arten.

Individuen in ihrer Einzigartigkeit werden nicht zum Überleben benötigt. Individuen sind nur Zahlen.

Individuen werden massenweise im Kampf ums Überleben der Gene geopfert. Wenn sich eine Amöbe ohne Opfer an Individuen vermehren würde, würde sie bald die ganze Erde bevölkern. Das gilt prinzipiell für jedes lebende System "Art", "Staat" usw.. Individuen werden nur benötigt, damit das Gen überlebt, die Individuen sind zum Tode verurteilt. Jedes Individuum stirbt irgendwann einmal, nur das Gen überlebt - aber verändert sich dabei. Für diese Veränderung benötigt das Gen allerdings die Individuen.

Für ihre Anpassung an veränderte Umweltbedingungen durch Veränderung benötigen die Gene die Individuen. Die Individuen sind ihnen hierfür Mittel zum Zweck. Letztes Ziel der Anpassung durch Veränderung ist auch wieder das Überleben.
Gene haben die Eigenschaft, ewig zu leben, Individuen haben die Eigenschaft, zu sterben. Sie sterben im Kampf der Arten gegeneinander. Aber auch im Falle des Sieges stirbt jedes Individuum einmal. Das Schicksal des Individuums ist das Sterben. Das Individuum ist dem Gen nur Zahl. Die Gene arbeiten in Staatsform, nicht die Individuen. Die Staaten sind also ursprünglich die Interessenvertretung der Gene, und nicht die der menschlichen Individuen. Das kann man sich nicht oft genug vor Augen halten. Es ist bei den Menschen genau wie bei allen Arten. Das Individuum opfert sich im Kampf der Arten, im Krieg der Staaten. Auch wenn es diesen Krieg überlebt, bleibt der Tod sein Schicksal. Nur der Staat, die Art, das Gen überlebt.
Das Gen beutet das Individuum aus.
Einerseits opfert es das Individuum für sein Weiterleben, andererseits benutzt es das Individuum noch zu seiner Veränderung, zu seiner Vervollkommnung. Das Gen kann ja nur durch Veränderung (Anpassung an die Umwelt) überleben. Und für diese Anpassung an die Umwelt benötigt das Gen das Individuum. Durch die Überproduktion von Individuen und die damit verbundenen Irrtümer (sogenannte Mutationen) schafft das Gen die Anpassung an die Umweltbedingungen und sein Überleben. Das Individuum hilft dem Gen auch noch bei seiner Anpassung, und dennoch wird es vom Gen (bzw. vom Staat) geopfert.
Die Verhaltensregel der Gene, nämlich vermehren, vermehren um zu überleben, ist Folge ihres materiellen Daseins. Nur Materie ist begrenzt und nur aus dem materiellen Dasein folgt der Zwang, um das Überleben zu kämpfen. Da der materielle Raum begrenzt ist, muss ein Kampf um die Ausfüllung dieses Raumes eintreten. Deshalb die Vermehrung und der Kampf der Gene um die Ausfüllung des Raumes.
Im geistigen Raum gibt es im Gegensatz dazu keine Begrenzung.
Deshalb braucht der Mensch als geistiges Individuum nicht andere Individuen zu töten. Der Krieg ist eine Aktion der Gene, weil sie überleben wollen.
Geistige Individuen benötigen Krieg nicht. Im Gegenteil: sie profitieren nicht vom Tod eines konkurrierenden Systems Mensch, sondern von seinem Leben und seinen Ideen.

6.2.
Staat, Individuum und Religion

Der Mensch als Individuum ist ein lebendes (sterbliches) System.
Der Staat ist ebenfalls ein lebendes System.
Beide sind als lebende Systeme offen und begrenzt. Beide Systeme unterliegen gesetzmäßig den Regeln Selbsterhaltung und Selbstentfaltung.
Der Staat ist ein lebendes System höherer Ordnung. Das System Mensch ist ein Subsystem des Systems Staat, ein Element des Staates.
Das System Staat vertritt die Interessen der Gene, nämlich des Stammes, des Volkes, des Landes. Der Begriff "System Staat" steht daher für Stamm, Land, Volk, die Art Mensch, also für Systeme höherer Ordnung, die aus Menschen zusammengesetzt sind.
Die Evolution der Arten ist in Bezug auf den Menschen die Evolution der Völker, Länder, eben der Systeme "Staat". Evolution der Arten ist Evolution der Gene.
Individuen sind für die Evolution der Gene nur wichtig als Träger der Mutationen, weshalb die Evolution immer für die Überproduktion der Individuen (Überbevölkerung der Erde) sorgt.
Der Mensch hat sich als Gemeinschaftswesen entwickelt und ist in seiner Entstehung nur als Gemeinschaftswesen denkbar. Das System Mensch (das Individuum Mensch) kann aber auf den Staat verzichten und ihn wechseln. Es ist nicht abhängig vom Staat. Der Staat kann zwar auf das einzelne System Mensch verzichten, aber er benötigt grundsätzlich zu seiner Existenz die Systeme Mensch. Seine Aufgabe als Vertreter der Interessen der Gene ist es sogar, für eine Überproduktion der Menschen zu sorgen. Die Evolution der Gene (der Arten) basiert ja auf der Überproduktion der Individuen.
Der Staat ist ein Gebilde der genetischen (materiellen) Evolution.
Aus dem Umstand, dass die Evolution (die Gene) in Arten (beim Menschen gleich Völker, Saaten, Länder) "denkt", folgt, dass die Handlungen des Menschen im Ursprung Handlungen sind, die dem Überleben ihres Volkes, ihres Landes, dienen. Der Stamm, das Volk, also das "System Staat", das stärker, besser angepaßt, ist, verbreitet seine Gene weiter und rottet die Gene des schwächeren Nachbarstammes, Nachbarstaates usw. aus. Das ist der Gang der Evolution.
Die Kelten waren schwächer und sind ausgerottet worden. Die Indianer waren schwächer und wurden ebenfalls ausgerottet. Das ist der Lauf der Geschichte, der Lauf der Evolution der menschlichen Arten. Deshalb macht sich kein Volk, kein Staat ein schlechtes Gewissen. Religion hat im Ursprung die Funktion, das System

Gruppe, Stamm oder Volk vom eigenen Gutsein und dem Schlechtsein des bekriegten Volkes zu überzeugen und Individuen, die am Schlechtsein des Nachbarn zweifeln, zu eliminieren. Religion vertritt die Interessen der Gene.
Gott hat dem eigenen Volk offenbart, dass sie das heilige Volk sind. Folglich sind sie berechtigt, alle anderen Völker auszurotten. Im Prinzip gilt das für alle Völker und alle Tierarten. Dieser Trieb ist der Antriebsmotor der Evolution.
Das Individuum Mensch ist im Ursprung und im Sinne der Evolution lediglich nützlich zum Kinderkriegen und zum Kriegführen (als Kanonenfutter).
Das ist jedoch nur solange so gewesen, bis das System Mensch als geistiges Individuum geboren wurde.
Die Evolution hat beim Menschen ein zwangsläufiges und folgerichtiges - aber auch heroisches - Experiment unternommen. Sie hat einen Phänotyp zugelassen, der sprechen und denken kann, Hände zum arbeiten hat, aber mit möglichst wenig Eigenschaften ausgestattet ist. Dies macht natürlich diese Tierart besonders anpassungsfähig und damit stark. Aber dies könnte den Nachteil haben, dass es seine Fähigkeiten, besonders die Denkfähigkeit, auch zu Zwecken benutzt, die der genetischen Evolution nicht dienen.

6.3.
Die Geburt des Individuums und der Evolution des Geistes

An dem Punkt, an dem der Mensch an sich selbst denkt, beginnt die Geburt des Systems Mensch als geistiges Individuum. Er denkt an sich, wenn er an seine Natur denkt. Seine Natur ist die Summe aller Naturen (Kreaturen) vor ihm. Beschäftigung mit sich selbst ist daher Naturwissenschaft. Beschäftigung mit der Natur um ihn herum ist Beschäftigung mit seiner Natur (seinen Eigenschaften und Fähigkeiten).
Der Mensch hat nun eigene Interessen. Er hat sich als geistiges Individuum definiert und seine eigene Entfaltung im geistigen Raum der Ausbreitung der Gene (der Arten) im materiellen Raum entgegengestellt.
Mit der geistigen Geburt des Menschen beginnt eine neue Evolution.
Bisher gab es eine Evolution der Arten auf Basis der genetischen Information, die sich mit der Evolution der Arten entwickelt. Nunmehr beginnt die Evolution der Individuen auf der Basis der geistigen Information, der Wissenschaft. Man könnte auch von der Evolution des Geistes reden, die mit der Geburt des Menschen als Individuum beginnt.
Damit ergibt sich ein Interessengegensatz von Individuum und Staat.

Die persönliche individuelle Selbsterhaltung des Systems Mensch widerspricht nämlich im Grenzfall diametral dem Auftrag seines Staates und seiner Gene, sich als Weiterverbreiter der Gene seiner Art zur Verfügung zu stellen und sich dafür im Krieg totschlagen zu lassen.
Mit dem Beginn der geistigen Evolution beginnt der Krieg der Gene gegen das Individuum Mensch um die Aneignung der Produkte des Geistes. Ein System Mensch (oder mehrere an verschiedenen Orten) erfindet das Messer. Er sichert damit seine Selbsterhaltung, sein Überleben. Sofort eignet sich der Staat die Erfindung an und produziert Schwerter. Das System Staat sichert damit sein Überleben, opfert dabei Individuen (Nummern) seines Systems und eliminiert ein konkurrierendes System Staat. Das System Mensch erfindet das Rad, um sich damit zu entfalten. Das System Staat eignet sich die Erfindung an und produziert den Kampfwagen zu Kriegszwecken. Mit dieser Ausbeutung des Individuums durch den Staat geht es weiter bis in die Neuzeit und die Entdeckung der Atomkraft.
Die beiden Funktionen des Systems Mensch für sein System Staat (und seine Gene) sind im übrigen geschlechtsspezifisch aufgeteilt:
Die Frau ist fürs Kinderkriegen und -großziehen da, der Mann zum Befruchten und zum Kriegführen. Jeder hat seine Aufgabe, wenn es um die Vermehrung und Ausbreitung der Gene und seines Landes geht.
Im Grenzfall kollidiert also besonders der Selbstentfaltungswunsch des Systems Staat mit dem Selbsterhaltungswunsch des Systems Mensch (beim Mann) und der Selbsterhaltungswunsch des Systems Staat (Streben nach möglichst vielen Kindern) mit dem Selbstentfaltungswunsch des Systems Mensch (bei der Frau - deshalb die Emanzipationsbewegung).
Mit der Geburt des Individuums Mensch oder, anders ausgedrückt, mit der Identität des einzelnen Menschen beginnt deshalb der Krieg der Gene (des Systems Staat) gegen das Individuum.
Dieser Krieg ist wegen des beschriebenen Interessengegensatzes unvermeidlich.
Bisher siegen im Konfliktfall immer noch die Gene und Staaten über die Interessen des Systems Mensch. Die Gene sorgen mit ihrer Lustempfindung, die sie dem Menschen verschaffen, fürs Kinderzeugen, und staatlichen Propaganda gelingt es immer wieder, die narzisstische Aggressionslust im Menschen zu wecken, die stärker ist als der Selbsterhaltungswunsch des Individuums.
Das Individuum Mensch ist noch relativ hilflos und schwach zwischen den Kräften der Gene und des Systems Staat, die seine Handlungen in ihrem Sinn steuern wollen. Dieser Ansicht war auch Sigmund Freud, als er in seinem Strukturmodell das Ich zwischen dem Es und dem Über-Ich ansiedelte.

Der einzelne Mensch sollte sich bei jeder Handlung fragen, ob diese Handlung eine solche ist, die dem Interesse der Gene bzw. Staates entspricht, oder ob sie in seinem eigenen Interesse liegt.
Der Übergang vom Staatsdenken (gleich Gendenken) zum Individualdenken entspricht dem Übergang vom Alten zum Neuen Testament.
Das alte Testament, der jüdische Glauben, ist Gendenken. Es soll sich ein Stamm vermehren, ausbreiten. Dies ist der Kampf der Gene gegeneinander. Hier gibt es Hass und Vernichtung, Gut und Böse. Anders im Neuen Testament: hier ist das Individuum im Mittelpunkt. Dem Individuum ist das andere Individuum der Nächste, völlig unabhängig davon, ob dieses andere Individuum Jude oder Nichtjude ist, weiß oder rot oder schwarz.
Die Zugehörigkeit zu einer Religionsgemeinschaft, zu einer Rasse, einem Staat usw. spielt hier keine Rolle. Liebe deinen Nächsten - also das andere Individuum - und nicht deinen Staat, deine Gengemeinschaft, wie ich ergänzen würde. Das ist die Botschaft des Neuen Testamentes.
Hier beginnt die Geburt des geistigen Individuums, die leider immer noch nicht abgeschlossen ist.

6.4.
Handlungen des Systems Mensch für das System Staat

Kinderzeugen und Kindererziehen sind Handlungen, die für die Verbreitung der Gene, also für den Staat, unternommen werden. Die staatliche Propaganda will dies verschleiern und den Individuen einreden, dass sie Kinder ihretwegen kriegen. (Dies ist im Einzelfall natürlich auch möglich.)
Der Staat arbeitet dabei mit Suggestivmethoden und mit Verschleierung, u.a. deshalb, weil er nicht die Kosten der Kindererziehung tragen will. Großfamilien werden gelobt, aber nicht finanziell unterstützt. Im übrigen ist in den modernen Industriestaaten inzwischen die Situation anders. Vermehrung der Bevölkerung bedeutet in unserer Zeit ein Versorgungsproblem, deshalb ziehen Gene und Staat nicht mehr wie früher an einem Strang.
Die Gene haben bessere Methoden. Sie locken mit der Lust. Kinderzeugen ist lustvoll und darüber hinaus umsonst, der einzige Spaß, der nichts kostet. Dies ist die staatliche Art und Weise, die Vorgaben der Gene umzusetzen. Dass das Kinderbekommen in keinem Staat staatlich reguliert und eingeschränkt wird, liegt ebenfalls an dem Einfluß der Gene. Die Gene steuern in diesem Punkt die Politik.

Man sollte bei allen staatlichen Entscheidungen, die schädlich für das Überleben der menschlichen Individuen sind, die irrational sind, daran denken, dass dahinter der Einfluß der Gene steckt. Der Verzicht der Staaten auf eine Regulierung der Kinderproduktion ist eine solche irrationale Handlung, weil sie den Tod des Systems Mensch herbeiführt.
Alles, was mit Kriegsführung und Rüstung zu tun hat, macht der Mensch für die Gene und den Staat. Die Gene sind auf Ausbreitung programmiert, auf Wettbewerb mit dem Konkurrenten, auf Kampf und Vernichtung des Konkurrenten. Dieses Interesse an der Verbreitung der Art hat der Staat als Organisation dieser Menschenart übernommen. Dem Staat geht es bei der Kriegsführung nicht um das Überleben oder den Schutz von Individuen, sondern um die Ausbreitung der Genart, die er repräsentiert.
Angefangen von der Tätigkeit des Soldaten, bis zur Arbeit in Rüstungsbetrieben und Zuliefererfirmen sind derartige Tätigkeiten solche, die der Mensch für den Staat und die Gene erbringt und nicht für sich. Sie entfremden den Menschen also von seiner Individualität und machen ihn zum Knecht der Gene und deren Evolution.
Die Organisation des Staates, die Leitung des Staates - früher Könige und sonstige Fürsten, heutzutage Politiker, und der Beamtenapparat zur Erfüllung hoheitsrechtlicher Aufgaben - alles das sind Aufgaben, die primär der Erhaltung und Verbreitung der Art – bzw. der Gene - dienen und nicht dem Individuum. Dies sollte den Individuen klar sein, die derartige Funktionen, die primär der Ausbreitung der Gene dienen, ausüben. Dann wären sie nämlich in der Lage, bei ihren Entscheidungen auch bewusst die Interessen des Systems Mensch zu berücksichtigen.

6.5.
Handlungen des Systems Mensch für sich

Der Mensch hat es geschafft, die Lust und das Kindererzeugen zu entkoppeln. Selbstbefriedigung war natürlich schon immer möglich und Verhütungsmethoden kannte der Mensch auch schon immer, auch Abtreibungsmethoden. Dennoch stellt die Erfindung der Antibabypille einen enormen Fortschritt im Kampf des Systems Mensch gegen Gene und Staat dar.
Also: wenn der Mensch wichst oder eine Frau eine Antibabypille schluckt, um Lust zu haben, ohne Kinder zu kriegen, handelt ein System Mensch für sich, tut etwas für sich und schlägt den Genen und dem Staat ein Schnippchen.

Jeder homosexuelle Mensch, ob weiblich oder männlich, schlägt nicht nur den Genen, sondern auch dem Staat ein Schnippchen.

Wenn eine Frau eine Abtreibung vornehmen lässt, tut sie das in ihrem Interesse und gegen die Interessen der Gene. Wenn ein Mann den Wehrdienst verweigert, vollzieht er eine Handlung, die nicht nur den Interessen seines Staates widerspricht, sondern auch den Interessen seiner Gene.

Es gibt aber weit bedeutungsvollere Bereiche, in denen der Mensch Siege gegen die Gene und den Staat errungen hat.

Der ganze Bereich der Künste und der Bereich der Wissenschaft ist primär ein Feld, das der Mensch geschaffen hat und das dem System Mensch als Feld für seine Selbstentfaltung zur Verfügung steht. Grundlage dieses Ausstiegs aus der genetischen Evolution ist die Sprache und die Schrift.

Die Sprache eröffnet die Möglichkeit, Ideen in den Köpfen der Individuen zu speichern, die Sprache eröffnet auch die Möglichkeit, diese Ideen auszutauschen und an die nächste Generation - an den Genen vorbei - weiterzugeben. Entstanden ist die Sprache als Genprodukt auf der Ebene der lebenden Systeme "Staat". Jede Gengemeinschaft hatte ursprünglich seine Sprache. Hier irrt die Bibel, wenn sie meint, ursprünglich hätte es eine einheitliche Sprache gegeben und den Turmbau zu Babel habe Gott zum Anlass genommen, das System Menschheit zu spalten. Im Ursprung dient die Sprache lediglich der Kommunikation innerhalb einer Gruppe und der Abgrenzung zu anderen konkurrierenden Gruppen. Anhand der Sprache ist leicht feststellbar, wer zu meinem System gehört und im Besitz der Wahrheit ist und wer zur fremden Gruppe gehört und daher dem Bösen zuzurechnen ist. Dem System Mensch fällt es allerdings nicht schwer, Sprachen zu übersetzen und die Erweiterung der Erkenntnis allen Systemen Mensch zugänglich zu machen. Die Gene - und deren Repräsentanten, die Staaten - haben die unterschiedlichen Sprachen und die Sprachverwirrung geschaffen und setzen alles daran, die Sprachverwirrung aufrechtzuerhalten. Die Aufgabe der Systeme Mensch wäre es, diese Sprachverwirrung zu beseitigen und eine einheitliche Sprache zu etablieren. In den Sprachen der Mathematik und der Musik ist dies bereits gelungen. Die Umgangssprachen müssen noch recht mühsam übersetzt werden.

Die Konservierung der Erkenntnisse menschlicher Individuen in Schriftform eröffnet die Möglichkeit, Ideen über den Tod des Systems Mensch hinaus für die Verwendung anderer Individuen zu speichern.

Ideen, Kunst, Wissenschaft sind primär Produkte des Individuums Mensch, des Systems Mensch. Deren Speicherung findet nicht in den Genen statt. Das geschaffene Wissen ist nicht Wissen einer Art, sondern es ist Wissen der Men-

schen. Ideen und Wissen sind nicht mehr Privileg einer Art Mensch, eines Staates, sondern aller Menschen.
Die Gene haben ihr Monopol auf Informationsspeicherung verloren.
Der Stamm, das Volk, das Land, der Staat hat seine Funktion für die Ausbreitung der Gene einer Art Mensch verloren, der Krieg hat seine Funktion für die Evolution der Menschenarten verloren, er ist eigentlich überflüssig geworden.
Mit dem sprachlichen Denken und der Informationsübertragung an den Genen und Staaten vorbei hat der Mensch sich als System Mensch geschaffen, das aus der Evolution heraustritt und eine neue nichtgenetische Entwicklung von Information und Wissenschaft begründet. Das System Mensch ist der Schöpfer der nicht-genetischen Informationsweitergabe.
Die letzte Entwicklung in dieser Hinsicht ist das Internet, das Informationsvermittlung von Individuum zu Individuum weltweit ermöglicht.
Darüber hinaus hat der Mensch das Geld und die Waren erschaffen. Die Herstellung von Waren, der Warenaustausch, der Handel, dies alles dient den Individuen.
Die Individuen können sich durch Kauf von Waren vergrößern, ihr Eigentum mehren. Durch die Produktion können sie sich als Individuum entfalten. Es ist allerdings immer die Frage, was produziert wird und für wen es produziert wird.
Das Geld eröffnet die Möglichkeit, die Selbstentfaltung des Individuums Mensch über die genetisch festgelegten Eigenschaften und Fähigkeiten hinaus zu erweitern.
Bis dahin waren es die Gene, die festgelegt haben, was ein Individuum kann. Das Geld eröffnet einem Tier, das sich relativ langsam auf der Erde fortbewegt, sich ein Auto zu kaufen und sich damit schneller als ein Jaguar zu bewegen, sich eine Flugkarte zu kaufen und sich damit wie ein Vogel zu bewegen usw.. Der Mensch braucht nicht mehr lange Klavierspielen zu üben. Er braucht sich nur einen Plattenspieler und Schallplatten zu kaufen und kann damit Musik machen wie Beethoven oder wie die Beatles.
Dies zeigt, dass das System Mensch, das eigentlich nur ein notwendiges übel, ein Phänotyp der Gene, war und lediglich die Aufgabe hatte, die genetisch gespeicherte Information möglichst optimal zu verbreiten, sich von seiner ursprünglichen Aufgabe, die ihm die Evolution zugedacht hat, befreit hat und sich zu einer Eigenständigkeit entwickelt hat, die die Evolution völlig überflüssig macht.
Das System Mensch, das Individuum Mensch, ist als solches gar nicht von der Evolution beabsichtigt gewesen. Das System Mensch ist als solches keine Schöpfung der Evolution, sondern es hat sich selbst geschaffen, selbst etabliert und macht sich die Schöpfung untertan.

Allerdings hat es dies der Fähigkeit zu verdanken, denken zu können. Es war wohl ein Fehler der Evolution, einer Chromosomenart diese Fähigkeit zu geben. Sie hat diese Fähigkeit dazu benutzt, sich nicht mehr als Art zu benehmen, sondern als Individuen zu handeln. Das System Mensch, das menschliche Individuum, setzt nun seine Absichten und seinen Willen dem Willen der Gene und auch dem der Staaten entgegen. Da Gene und Stämme, Staaten usw. nur in Arten denken können und nicht in Individuen, konnten sie das nicht absehen.
Hieraus ergibt sich eine Definition der Intelligenz. Intelligenz kann daran gemessen werden, wie weit das Individuum Mensch (das System Mensch) in der Lage ist, Handlungen für das System höherer Ordnung (Gruppe, Organisation, Staat, usw.) zu unterlassen und Handlungen im Eigeninteresse zu Vollziehen. Je mehr der Mensch für sich handelt, desto höher ist offensichtlich sein Intelligenzgrad.
Oder hinsichtlich der Gene ausgedrückt: je intelligenter ein System Mensch ist, desto mehr ist es in der Lage, den Absichten der Gene (also dem Artdenken und damit den Staatsinteressen) zuwider zu handeln.
Nun lassen sich das die Gene und das System Staat nicht kampflos gefallen. Wie oben gesagt und wie auch Freud feststellte, ist das Ich, das Individuum Mensch, das System Mensch, schwach.

6.6.
Handlungen des Systems Staat für das System Mensch

Die Interessen der Gene (der Arten, der Staaten) stehen nicht nur im Widerspruch zu den Interessen der Individuen.
Es soll auch von den Interessengleichheiten geredet werden.
Die Arten, die Staaten, also die Gene führen gegeneinander Krieg. Sie führen aber nicht ständig Krieg gegeneinander. Friedenszeiten, in denen die Art, das Volk, der Staat sozusagen nach innen wächst, sich die Art nach innen organisiert und vervollkommnet, ihren Kampf gegen die Natur bzw. die Umwelt führt und sich die Art optimal an die Umwelt anzupassen sucht (und umgekehrt versucht, die Umwelt sich anzupassen), diese Friedenszeiten wechseln sich gesetzmäßig ab mit den Kriegszeiten, in denen eine Art, ein Volk, ein System Staat gegen andere Staatssysteme Krieg um ihre jeweilige Vergrößerung führen. Die Ausbreitung einer Art ist gesetzmäßig mit Krieg verbunden, da sich die Evolution der Gene bzw. Arten im materiellen Raum abspielt und der materielle Raum begrenzt ist. Es muss Krieg geführt werden, weil jede Art der Vergrößerungsregel im begrenzten materiellen Raum gehorchen muss.

Die Regel Selbstentfaltung, Vergrößerung, kann nicht abgeschafft werden, sie ist ein mathematisches Gesetz. Da die Verbreitung der Gene und der Arten im materiellen Raum stattfindet, muss es gesetzmäßig in absehbaren Zeiten zu Kriegen der Arten (der Staaten) kommen.

Aber die Friedenszeiten dazwischen stellen eine Interessengleichheit mit der geistigen Evolution der Individuen (des Systems Mensch) dar.

Allerdings: das System Staat benötigt den Frieden lediglich zur Vermehrung seiner Anzahl der Individuen. Aus je mehr Individuen er besteht, desto stärker ist er im Kriegsfall. Der Sinn des Friedens besteht für die Gene bzw. den Staat darin, sich auf den Krieg vorzubereiten.

Der Interessengegensatz besteht darin, dass die Menschen als Individuen für die Evolution des Geistes keinen Krieg benötigen. Die Evolution des Geistes spielt sich im geistigen Raum ab, und dieser ist unbegrenzt. Deshalb benötigt das System Mensch keinen Krieg.

Während für des System Staat der Frieden nur Mittel zum Zweck ist und sein eigentliches Ziel der Krieg ist, ist für des System Mensch der Frieden der eigentliche Existenzzustand, den es zu seiner Selbstentfaltung benötigt. Für das System Staat (Gene) ist der Krieg die Selbstentfaltung.

Der Interessengegensatz bezieht sich also erstens auf die Kriegsführung im begrenzten materiellen Raum. Das System Staat muss Krieg wollen, das System Mensch nicht.

Zweitens besteht natürlich der Interessengegensatz in der Vergrößerung der Anzahl der Individuen. Für die Evolution der Gene, der Arten, ist die Überpopulation gesetzmäßig wichtig. Das System Mensch benötigt diese Überbevölkerung der Erde nicht für die Evolution des Geistes.

Aber zunächst zu den Friedenszeiten, die eine zeitweilige Interessengleichheit darstellen. In diesen Zeiten tut der Staat auch etwas für die Individuen.

Im Frieden hat der Staat die Aufgabe, das Zusammenleben der Individuen zu organisieren. Gemeinsames Interesse ist der Frieden, nämlich der innere Frieden. Der Staat (die Gene) nutzt ihn zur Überproduktion von Individuen, zur Erzeugung genetischer Mutanten, die Menschen (Systeme Mensch) benötigen den Frieden für die Evolution des Geistes.

Die Aufgabe des Systems Staat besteht in Friedenszeiten darin, die Aggression die Individuen einer Art gegeneinander zu neutralisieren (innerartliche Aggression).

Hartmann (1975) wundert sich, wo die Energie für die Neutralisierung der Triebe und die neutralisierte Triebenergie zur Strukturierung des Ichs herkommt. Sie kommt nicht aus dem Individuum, sondern ist Ergebnis der Staatsaktionen.

Der Staat sorgt mit seinen Gesetzen und der Strafandrohung dafür, dass die Menschen ihrer Aggression nicht gegen den Mitmenschen der eigenen Art (des eigenen Landes) richten, sondern gegen die Menschen anderer Art (im Sinne der Evolution der Gene). Die Gesetze, die darauf hinausgehen, das Eigentum des Individuums gegen die Aggression seines Mitmenschen zu schützen, die die freie Entfaltung der Persönlichkeit im Auge haben, die den Menschen vor Ermordung durch den Mitmenschen und vor Körperverletzung schützen sollen, sind Gesetze, die der Evolution der Individuen und damit der Evolution des Geistes nützen. Das Individuum Mensch hat, da es sich selbst als System definiert hat, aber gleichzeitig den Gesetzen der Gene unterworfen ist, von sich aus die Tendenz, seine Aggressionen nicht nur gegen Mitglieder der anderen Arten zu richten, sondern seine aggressiven Wünsche, die genetisch gesteuert werden, gegen den Mitmenschen zu richten, um der Selbstentfaltungsregel zu folgen.

Für das Individuum Mensch ist nicht die andere Art der Konkurrent, sondern der Mitmensch. Die Entfaltung des Individuums Mensch ist, was die Entfaltung auf materiellem Raum (Besitz) anbetrifft, mit der Einschränkung der Entfaltung seines Mitmenschen verbunden. Man mag es bedauern, aber es ist Realität und Gesetz, dass das System Mensch nicht nur die Evolution des Geistes im Auge hat, sondern auch seine eigene persönliche Selbstentfaltung im materiellem Raum.

Die materielle Seite der Selbstentfaltung bedeutet Ansammlung von Geld und sonstigem Eigentum und ist mit innerartlicher Aggression verbunden. Diese innerartliche Aggression muss gesteuert werden. Bei dieser Steuerung der innerartlichen Aggression ist das System Staat mit seinem Gewaltmonopol der Entwicklung (der Evolution) der Individuen und des Geistes behilflich.

Das System Staat regelt, was als individuelles materielles Eigentum gilt und wie es erworben, verkauft und vererbt werden kann. Diese Definition des Rechts und die Überwachung der Einhaltung des Rechts dient dem Frieden der Individuen und daher auch der Evolution des Geistes.

Ein Problem darf aber nicht verschwiegen werden: der Staat reguliert zwar die innerartliche Aggression und die Selbstentfaltung der Individuen, ein Teil dieser Selbstentfaltung stellt jedoch eine Bedrohung für die Menschheit dar. Das Individuum Mensch ist in seinem Streben nach Selbstentfaltung auch auf Vergrößerung seines individuellen Aktionsradius', auf Bequemlichkeit bedacht und nutzt die bestehenden Möglichkeiten der Energiegewinnung zur Verbesserung seiner Selbsterhaltung.

Derzeit ergibt sich dadurch ein besonders hoher Energieverbrauch des Menschen in den industrialisierten Ländern und damit ein besonders hoher Kohlendioxidausstoß mit bedrohlichen Folgen für die Menschheit. Der drohende Untergang der Menschheit infolge der Umweltverschmutzung hat seine Ursache nicht nur in den Aktionen der Gene (Überproduktion der Anzahl der Menschen), sondern auch in dem Selbsterhaltungs- und dem Selbstentfaltungsstreben der einzelnen Individuen Mensch im materiellen Raum. Jedes einzelne System Mensch trägt mit seinem Energieverbrauch zum Untergang der Menschheit bei. Es kann aufgrund seiner Funktionsweise auch gar nicht anders handeln und wählt selbstverständlich bei demokratischen Wahlen auch stets die Bewerber, die mehr Bequemlichkeit und mehr Beweglichkeit, mehr Freiheit versprechen. Mehr Freiheit bedeutet jedoch zwangsläufig mehr Energieverbrauch und die Beschleunigung des Untergangs der Menschheit.

Die sogenannte innere Sicherheit eines Systems Staat dient also auch den Individuen. Es handelt sich um die Einrichtung einer Polizei, einer gesetzgebenden Gewalt (derzeit meist Parlament) und einer Justiz und der strafenden Gewalt mit ihren Einrichtungen (Gefängnisse). Darüber hinaus auch die Regelung der geistigen Ausbildung der Individuen (Schulsysteme, Universitäten, handwerkliche und sonstige Lehren und Ausbildungen) sowie das Gesundheitssystem. Ausbildung, Gesundheitswesen und Justiz, natürlich auch das Sozialwesen (Wohnungswesen, Sozialhilfe usw.) und die Kultur sind Bereiche, die staatlich geregelt sind, die aber auch der Entfaltung der Individuen dienen. Wichtig ist aber das Wörtchen "auch". Alle diese Bereiche, und auch die, die ich vergessen habe zu erwähnen, dienen eben nicht nur der Entwicklung, der Selbstentfaltung der Individuen und des Geistes, sondern auch der Präparierung der Individuen für ihre Aufgaben, die sie für den Staat und die Gene zu erfüllen haben. Die Individuen gehorchen der Vergrößerungsregel, dem Gesetz der Selbstentfaltung, leider nicht nur im geistigen Raum, sondern auch im materiellen Raum. Deshalb gibt es auch Mord, Totschlag, Diebstahl und andere Aktionen, die dazu dienen, die individuelle Selbstentfaltung im materiellen Raum voranzutreiben. Rücksicht braucht das System Mensch hier nicht zu üben, da es ein sterbliches System ist. Um diese Aggressivität zwischen den Systemen Mensch zu steuern, benötigt das System Mensch die Macht des Staates, die Hilfe der Gene. Das System Mensch benötigt also auch in Zukunft eine Außensteuerung durch staatliche Gesetze.

Die Strafgesetze der Staaten definieren allerdings nicht nur Gesetze, die bestimmte Verhaltensweise der Individuen gegeneinander betreffen, sondern auch Straftaten der Individuen gegen den Staat. Es fehlen jedoch Gesetze, die Straftaten des Staates gegen die Individuen, gegen das System Mensch, definieren. Derartige Straftaten

des Staates gegen das System Mensch festzulegen und Sanktionen gegen das System Staat zu vollziehen, ist eine Aufgabe der Zukunft.
Das Interesse der Gene - also der Arten und der Staaten - liegt eben darin, die Individuen fit zu machen für den Kampf der Gene und der Arten um die zur Verfügung stehenden materiellen Ressourcen. Deshalb spielt sich der Kampf der Gene und der Staaten gegen die Individuen in jedem einzelnen der genannten Bereiche ab.

6.7. Handlungen des Systems Staat für sich und die Sterblichkeit des Systems Mensch als Gründe für den Untergang der Menschheit

Die wesentliche Handlung des Systems Staat für sich ist der Krieg. Damit ist dieses Thema an sich beendet.
Der Krieg ist die Flächenausbreitung der genetischen Information eines Stammes, Volkes, Landes, Staates usw.. Dazu gehören natürlich auch alle Handlungen, die zur Vorbereitung eines Krieges erforderlich sind. Diese Aktionen der Art haben unter anderem das Ziel, die geistigen Produkte der Individuen für die Kriegszwecke des Staates auszubeuten. Sie beginnen bei der körperlichen Geburt des Individuums. Das System Mensch wird nicht nur darauf trainiert, Krieg zu führen. Das ist - genetisch bedingt - das Lieblingsspiel aller männlichen Kinder. Der Erfolgt der Computer-Kriegsspiele beruht auf dieser genetisch determinierten Handlungsweise der männlichen Kinder. Das System Mensch wird auch geistig trainiert und in der Schule, der Berufsausbildung und auf den Universitäten ausgebildet. Der Staat engt die Entfaltngsmöglichkeiten des Individuums im Lauf seines Lebens immer weiter ein auf eine noch mehr spezialisierte Tätigkeit ein, deren Produkt sich der Staat aneignet. Der Staat nagelt die Individuen immer weiter fest - so wie er Jesus Christus ans Kreuz genagelt hat. Das Kreuz des Individuums besteht darin, dass es auf den größten Teil seiner Entfaltungsmöglichkeiten verzichten muss und keine Möglichkeit hat, die Produkte seiner Tätigkeit für sich zu behalten. Das materielle Produkt seiner Tätigkeit, seine ungeformte Selbstentfaltung in Form von Geldeinkommen, eignet sich der Staat so weit wie möglich über Steuern und Abgaben an, die er zu entrichten hat. Die geistigen Produkte seiner Tätigkeit, sein geistiges Eigentum, das sich das Individuum schafft, nutzt das System Staat für seine Zwecke aus. Nobel hatte dabei ein schlechtes Gewissen, andere Erfinder nicht.

Im Endergebnis gibt es für das System Mensch keine Möglichkeit, dem System Staat die Verwendung seiner Ideen und seines Geldes für Kriegszwecke zu untersagen.
Das Verhalten des Systems Staat ist nicht ein bewusst gesteuertes Verhalten seiner Führungsindividuen, ein bewusstes Wille des Volkes, eine Aktion irgendwelcher Journalisten oder Priester, sondern das Verhalten des Systems Staat wird von den Genen seiner menschlichen Individuen gesteuert, die ihrem Artverhalten gehorchen. Ich behaupte, dass die Chromosomengemeinschaft bzw. die Gengemeinschaft ein System ist, das in der Lage ist, das Verhalten der im Staat zusammenlebenden Individuen (z.B. Bienen, Ameisen oder Menschen) so zu steuern, dass sie sich als Gruppe, als Ganzes, als Gemeinschaft, als Staat, als begrenztes offenes System verhalten. Dieses Verhalten eines Ameisenstaates oder Menschenstaates gehorcht den Verhaltensregeln Selbsterhaltung und Selbstentfaltung. Dabei geht es im Grund um die (Selbst)Erhaltung der genetisch gespeicherten Information. Diese Information ist das Wissen einer Art, nicht das Wissen eines Individuums. Die Tierart bzw. der menschliche Staat ist der Repräsentant der genetisch gespeicherten Information. Diese Evolution, die Darwin entdeckt hat, ist nicht etwa etwas, was den Individuen dienen soll. Diese werden im Überfluß produziert, um die Auslese und damit die Evolution zu beschleunigen, sie werden massenhaft geopfert. Die Evolution ist die Evolution der Arten und nicht die der Individuen. Sie dient der Selbstentfaltung der Chromosomen, der Gene, der Ausbreitung und der Weiterentwicklung der genetisch gespeicherten Information, der Ausbreitung der Staaten. Die Aktionen eines Systems Staat (Ameisenstaat oder Menschenstaat) dienen der Evolution, der Weiterentwicklung einer Genart (Chromosomenart) und sind von den Genen programmiert. Ameisen verhalten sich auch ohne Gehirn sinnvoll und zielgerichtet. Ein kompliziertes Gehirn ist für das Überleben der Gene nicht erforderlich. Das Gehirn der Menschen ist ursprünglich lediglich ein Ausführungsorgan. Es dient der Verbesserung der Aktionen der Individuen. Das Ziel der genetisch gesteuerten Aktionen ist jedoch die Selbsterhaltung und die Selbstentfaltung des Staates, in dem das Individuum lebt. Die Aktionen, die der Mensch für den Staat unternimmt, sind von den Genen programmiert. Dies betrifft die Entscheidungen eines Politikers, der ein öffentliches Amt bekleidet, genauso, wie die Entscheidung eines unbedeutenden Individuums für eine Vater- oder Mutterschaft oder eine Kriegsteilnahme. Das betrifft auch die Entscheidungen eines Volkes bei demokratischen Abstimmungen. Die Kreuzigung Jesu Christi war das Ergebnis einer derartigen ersten Volksabstimmung. Die Entscheidung eines Politikers oder eines Parlamentes oder eines Volkes für einen

Krieg ist stets eine Entscheidung für die Ausbreitung der artspezifischen Gene, die vom genetisch gesteuerten Unbewussten der Individuen vollzogen wird. Je höher das öffentliche Amt ist, desto stärker wirkt sich dieser genetische Einfluß auf die Entscheidungen aus. Desto größer ist aber auch die Möglichkeit des Entscheidungsträgers, Entscheidungen zu treffen, die den Interessen der Systeme Mensch nutzen. Eine beliebte Rationalisierung für eine Entscheidung zugunsten der Gene ist, dass es eine Entscheidung für den Frieden (im Falle einer Entscheidung für einen Krieg) sei und der Betreffende sich "Sachzwängen" unterworfen meint.
Es wurde schon mehrfach darauf hingewiesen, dass die Gene in Friedenszeiten für eine Überproduktion von Individuen sorgen.
Zum Untergang der Menschheit gehört jedoch ein weiterer wesentlicher Faktor, nämlich die zeitliche Befristung der Existenz der Individuen Mensch, der Systeme Mensch.
Die Gene können davon ausgehen, dass sie ewig leben. Sie modifizieren sich im Lauf der Evolution und gehen in neue Arten auf. Aber auch dann leben sie in den neuen Arten als genetische Information weiter.
Der wesentliche Unterschied zwischen dem System Mensch und dem System Staat (Gene) ist der, dass das System Staat (Gene) von der Ewigkeit seiner Existenz ausgehen kann, während das System Mensch sich dessen bewusst ist, dass seine materielle Existenz zeitlich befristet ist.
Dieses Wissen um die Begrenztheit seiner zeitlichen Existenz ist der Grund dafür, dass das System Mensch keine Rücksicht zu nehmen braucht auf die Umweltverschmutzung. Es besorgt seine Selbstentfaltung ohne Rücksicht auf die nachkommenden Individuen. Der Gedanke an die Nachkommen ist ein Gedanke der Gene (eine Handlung des Systems Mensch für das System Staat) und nicht des Individuums. Dem Individuum kann die Umweltverschmutzung völlig egal sein. Es will in erster Linie sich selbst während der begrenzten Zeitdauer seiner Existenz entfalten.
Das System Mensch, das Individuum, lebt sowieso zeitlich begrenzt. Es stirbt auf jeden Fall. Ob es an einer Krankheit, aus Altersgründen oder wegen der Umweltverschmutzung stirbt, ist doch gleichgültig. Sicher ist sein Tod in jedem Fall. Also hat es als System Mensch kein Interesse an einer sauberen Umwelt. Das System Mensch ist als sterbliches System nicht an einer Vermeidung Umweltverschmutzung interessiert, sondern an seinem Vergnügen, auch wenn es Dreck macht.
Für den sicheren Untergang der Menschheit gibt es also zwei Gründe. Der eine ist die Überproduktion von Individuen (das Interesse des Systems Staat, der Gene),

der andere ist die Notwendigkeit der Selbstentfaltung des Systems Mensch in einer eng befristeten Zeitdauer, also die Sterblichkeit der Individuen.

6.8.
Der Kriegsschauplatz

Der Krieg zwischen Genen und Individuen spielt sich auf zwei Kriegsschauplätzen ab.

Der eine wurde schon erwähnt. Es handelt sich um den Staat, den Interessenvertreter der Gene. Im Staat spielt sich der Krieg der Individuen gegen die Gene ab. Nämlich als Kampf um die Verwendung der geistigen Produkte der Individuen, als Revolution und als Veränderung des Staates von oben.

Der Staat belohnt die Individuen, die sich durch besondere Brutalität und Tötung vieler "feindlicher" Individuen hervorgetan haben, mit Orden und versucht stets, seine kriegerischen Absichten den Individuen gegenüber zu verschleiern. Dies – Belohnung und Verschleierung – sind nur zwei Aktionen des Systems Staat zur Durchsetzung seiner Interessen.

Der zweite Kriegsschauplatz ist jedoch das Individuum.

Die Individuen sind ja Werkzeuge der Gene und Handeln nach den Programmen der Gene. Deshalb werden die Systeme Mensch von Gefühlen und Affekten gesteuert, die genproduziert sind und die biochemisch erzeugt werden (z.B. durch Sexualhormone). Bei der Steuerung aggressiven Verhaltens könnte beispielsweise das Adrenalin eine wesentliche Rolle spielen. Die Gene versuchen ständig, das Individuum zu Handlungen zu bewegen, die den Genen (und damit den Staaten) nützen. Dem setzt das Individuum die Handlungsimpulse entgegen, die seinen eigenen Interessen nützen. Vermutlich ist die in Kapitel 4 beschriebene narzisstische Befriedigung der Gradmesser für die Befriedigung des Individuums Mensch (für das "Selbst", Kohut), während die dem "Es" (Freud) zuzuordnenden Gefühle den Genen entspringen. Der Kampf der Gene gegen das Individuum spielt sich also auch im Individuum ab. Dies ist das Gebiet der Tiefenpsychologie.

Der Kriegsschauplatz im einzelnen Individuum Mensch ist in der psychoanalytischen Literatur ausführlich beschrieben worden, ich möchte deshalb darauf verweisen. Die im "Es" (Freud) angesiedelten Strebungen (Sexualtrieb, Aggressionstrieb) sind von den Genen gelenkte Antriebe, die der Verbreitung der genetischen Information dienen, die im "Über-Ich" befindlichen gesellschaftlichen Vorschriften und Normen sind die - ebenfalls weitgehend unbewussten - staatlichen Normen, von denen ich gezeigt habe, dass diese ebenfalls die Interessen der Gene

nach Ausdehnung ihrer Art im materiellen Raum vertreten. Dazwischen befindet sich das schwache Ich des Systems Mensch. Dieses Ich zu stärken ist das Gebot der Zukunft, da nur der Stop der genetischen Evolution und die Konzentration auf die geistige Evolution der Menschheit eine Überlebenschance bietet.
Mir scheint, dass in der Psychoanalyse neue Wertungen erforderlich sind.
In der psychoanalytischen Literatur hat die Abwehr sexueller Lust eine negative Wertung, weil sie zu neurotischer Symptomatik führen kann. Man muss dies richtig verstehen und bewerten. Gemeint ist, dass der Mensch nicht auf Lust verzichten braucht. Er kann sie sich dienstbar machen. Es sollte aber klar sein, dass Lust ursprünglich ein Trick der Gene im Kampf des Menschen um seine Individualisierung ist. Insofern ist es ein Akt der Menschwerdung, wenn ein Mensch sich aus dem Joch der Gene befreien möchte. Die Verdrängung des Lustgefühls und andere Abwehrmechanismen gegen Sexualität sind jedoch das falsche Mittel. Das richtige Mittel ist die Verwendung von Verhütungsmitteln und das Ausleben der Sexualität; in dem Punkt hat die psychoanalytische Therapie einen Ansatz, der die nicht-genetische Evolution unterstützt.
Die Abwehr der inter-individuellen Aggressivität, die zum Beispiel zu zwangsneurotischer Symptomatik führen kann, ist ein Akt, der die Menschwerdung zum Ziel hat, aber ebenfalls das falsche Mittel einsetzt. Nicht aggressiv handeln wollen, ist eine richtige Entscheidung, die den Interessen des menschlichen Individuums als Träger der Evolution des Geistes entspricht und die den Interessen des Staates und der Gene widerspricht. Weil die Gene jedoch stärker sind, ist es praktisch unmöglich, tatsächlich friedfertig zu handeln. Der einzige Ausweg besteht darin, aggressives Verhalten umzusteuern, es in die richtigen Bahnen zu lenken. In diesem Punkt versagt die psychotherapeutische Praxis nach meinen Beobachtungen völlig, dementsprechend hat die Psychoanalyse auch keine Theorie über den Verbleib der abgewehrten aggressiven Energien im Individuum entwickelt und ist hilflos im psychotherapeutischen Umgang mit Aggressionen. Diese werden als Widerstand und negative Übertragung gedeutet und dabei entwertet, statt das Individuum, das "Ich" der analytischen Theorie, in seinem Bemühen um Individualisierung zu unterstützen.
Grund für dieses Versagen der Psychoanalyse scheint mir zu sein, dass die psychoanalytische Theorie und Praxis relativ schnell vom Staat und den Genen für ihre Zwecke "gekauft" worden ist. Der einzelne Psychoanalytiker dient neben seiner eigenen Individualisierung mehr dem Staat als seinen Patienten.

6.9.
Der Krieg der Gene (Arten, Staaten) gegen die Individuen

Die Gene haben - zum Glück für die Individuen, zu ihrem eigenen Unglück -, ebenfalls einen Interessengegensatz: einerseits liegt es in ihrem Interesse, die Individuen optimal auszubilden, weil sie dann fitter sind für den Kampf der Gene ums Überleben der Art. Andererseits sind Individuen, die besser ausgebildet sind, auch besser in der Lage, ihre Ausbildung für sich und gegen die Interessen der Gene zu nutzen. Die Evolution des Geistes ist einerseits dem Überleben der Arten nützlich, stärkt aber auch die Individuen in ihrem Kampf um ihre persönliche Selbstentfaltung.

Die Gene benutzen nun leider auch die Staaten, um die Individuen Mensch an ihrer Selbstentfaltung und der Entfaltung des Geistes zu hindern. Sie tun dies, indem sie versuchen, sich die Früchte der geistigen Evolution, die ja die Evolution der Individuen ist, anzueignen.

Die geistige Evolution führt zur "Erfindung" der Geraden, der Straßen und des Rades, des Eisens, der Pflüge, der Häuser, der Autos, der Flugzeuge usw.. Diese Erfindungen des menschlichen Geistes, diese Fortschritte der geistigen Evolution, eignen sich die Gene, die Arten bzw. die Staaten an und nutzen sie für den Kampf der Arten untereinander, indem sie Panzer, Bomber und Atomraketen daraus herstellen lassen.

Die Gene enteignen die Individuen.

Sie rauben den Individuen ihre Produkte und benutzen sie für ihren Kampf der Arten. Sie erheben Steuern und Abgaben. Damit schränken sie die Selbstentfaltungsmöglichkeiten der Systeme Mensch ein und benutzen deren Geld dazu, ihre eigenen Interessen nach Ausbreitung der Art und Verdrängung der anderen Arten (Systeme Staat) zu verwenden. Das System Staat ist also auch eine Waffe der Gene im Kampf gegen das System Mensch, die Individuen Mensch.

Karl Marx hat gemeint, die Aneignung des Mehrwerts durch einzelne Individuen, die die Produktionsmittel zur Herstellung von Waren besitzen, sei die Ursache der Selbstentfremdung der Individuen.

Dies ist meines Erachtens ein Irrtum.

Erstens ist die Ursache dieser Art der "Selbstentfremdung" die Ausbeutung des Individuums durch den Staat. Der Staat als Repräsentant der Genpopulation versucht ständig, sich die Produkte des menschlichen Geistes für seine Interessen nutzbar zu machen. Der Fabrikbesitzer verwendet die produzierten Bomben in der Regel überhaupt nicht. Das Interesse an der Herstellung von Kriegsmaterial haben die Gene, die ihre Population vergrößern und im materiellen Raum ausbreiten wollen. Der Staat als Interessenverwalter der Gene ist daher auf die Ausrottung der anderen Genpopulationen gerichtet (Evolution). Der Staat ist ständig bemüht, den Individuen das Geld, das sie nicht unbedingt zum Lebenserhalt benötigen, aus der Tasche zu ziehen (Steuern, Abgaben) und sich selbst anzueignen. Der Staat hat einen ständigen Drang nach Selbsterhaltung und Entfaltung und versucht dementsprechend, das Geldeinkommen der Individuen auf das notwendige Maß für deren Selbsterhaltung zu begrenzen und die Selbstentfaltung der Individuen einzuschränken.

Zweitens arbeiten die Individuen gern am geistigen Fortschritt und an der Umsetzung von Ideen in Realität (also an der Produktion von Waren). Sie verzichten auch gern zeitweilig auf Entfaltung breiter Interessen (in ihrer Arbeitszeit) und spezialisieren sich zeitweilig auf die Durchführung einfacher mechanischer Tätigkeiten, weil sie sich mit dem Produkt (z.B. Auto) identifizieren. Dies sind geistige Akte, die der Selbstentfaltung auf geistigem Gebiet dienen. Zusätzlich erhalten sie für diese Spezialisierung, für diese einseitige Ausbildung von Fertigkeiten, Geld, mit dessen Hilfe sie sich in alle Richtungen entfalten können.

Das Übel liegt nicht in der "kapitalistischen" Aneignung des Mehrwerts, der ja wieder investiert wird für die Weiterentwicklung des Geistes und die Umsetzung geistiger Erkenntnisse in Realität (die Warenproduktion), sondern in der staatlichen Lenkung der Produktion auf die Herstellung von Waffen zum Kampf der Gene und der Nutzung der Fortschritte der Medizin und Nahrungsmittelproduktion für die Vermehrung der Individuen.

Das System Mensch hat in Laufe seiner Geschichte nicht eine Selbstentfremdung durchgemacht, wie Marx meint. Das System Mensch ist im Gegenteil dabei, sich selbst zu entwickeln und sich im geistigen Raum zu entfalten. Es ist auf der Suche nach sich und nähert sich seiner eigentlichen Natur, der geistigen Natur, an. Inzwischen haben es die Individuen sogar geschafft, direkt unter Ausschaltung staatlichen Einflusses miteinander zu kommunizieren und das "Internet" erfunden, das den Genen ein Dorn im Auge ist. Ein großes Hindernis ist immer noch die Sprachverwirrung, die nicht ein Machwerk Gottes ist, wie die Religion uns einreden will, sondern eine Erfindung der Gene darstellt. Die Genart, die Genpopulation, will sich ausbreiten und die Nachbarpopulation verdrängen. Die Sprache ist Eigenschaft der Genpopulation, des Volkes und des Staates (siehe Kapitel 3) und dient nicht der Verständigung und Vermischung der Gene. Im Gegenteil: mit der Vermehrung der Arten und Unterarten, der Vermehrung der

Staaten, ist eine ständige Zunahme der Sprachverwirrung zu verzeichnen. Die genetische Evolution erfindet ständig neue Arten und neue Sprachen.

Mit der Produktion der Atomwaffen und der Zerstörung der Umwelt, der Erdatmosphäre usw. haben die Staaten aber einen Punkt erreicht, an dem sich ihre eigene Existenz in Frage stellt.

Wir sind daher an einem Endpunkt oder an einem Wendepunkt der Entwicklung angelangt. Wenn die Staaten, die Gene, siegen, wird der Sieg der Gene den Untergang der Menschen und damit das Ende der Evolution des Geistes bedeuten. Die genetische Evolution wird allerdings weitergehen. Es wäre daher lediglich der Endpunkt für die Evolution des Geistes.

Darin besteht die Gefahr.

Ein Sieg der Evolution des Geistes würde beinhalten, dass einerseits die Überproduktion von Individuen, andererseits die Produktion von Kriegswaffen gestoppt wird. Dies wäre ein Wendepunkt in der Entwicklung, weil die genetische Evolution gestoppt werden würde. Allerdings wäre es der weitgehende Untergang der genetischen Evolution.

Wie der Kampf der Gene gegen den Geist ausgehen wird, ist schwer zu prognostizieren. Mir ist derzeit nicht vorstellbar, dass es die Individuen schaffen, die Staaten zu entmachten, die Kriegswaffenproduktion zu stoppen und die Überproduktion von Individuen einzustellen. Meine einzige Hoffnung besteht darin, dass das Wissen darum, um was es eigentlich geht, die Individuen im Kampf gegen die Staaten und die Gene stärken kann. Bisher haben die Gene es geschafft, ihre Macht zur Verschleierung dieses Wissens zu nutzen. Es gab immer Ansätze dazu, die Identität und die Macht der Individuen zu stärken. Ich denke dabei im westlichen Kulturraum an Sokrates und an Jesus und an viele Wissenschaftler, die vom Staat, im Namen des Volkes, vom Volk, also von den Genen, ermordet wurden.

Auch die Kirchen leisten ihren Beitrag zur Enteignung der Individuen und zur Nutzung deren Fortschritte (der geistigen Evolution) für den Krieg der Arten und die Ermordung einer Art durch die andere, aber auch die Kirchen sind im Zwiespalt. Zwangsläufig haben die Kirchen die geistige Entwicklung immer wieder gestärkt und Wissen verbreitet.

Der wesentlichste Trick allerdings, der den Sieg des Individuums im Kampf gegen die Gene begünstigt, ist die Erfindung des Geldes.

Geld ist ungeformte Selbstentfaltung des Systems Mensch, des Individuums Mensch. Dafür, dass das Individuum Mensch seine Arbeitskraft auf eine Tätigkeit einschränkt und sich spezialisiert und dafür, dass es seine Arbeitskraft für die

Interessen der Gene im Dienst der Staaten einsetzt, erhält es Geld und kann dieses Geld in selbstgewählte Selbstentfaltung umwandeln. Durch das Geld gelingt es dem Individuum, sich Fähigkeiten und Waren anzueignen, die es persönlich gar nicht erbringen könnte. Das Geld erweitert die Selbstentfaltungsmöglichkeiten des Individuums ins Unermeßliche. Darauf haben sich die Gene (die Staaten) eingelassen. Wie sich inzwischen mehr und mehr herauskristallisiert, ist das System Staat (sind also die Gene) total überfordert, was den Umgang mit Geld anbetrifft. "Geld" ist für die Gene ein Fremdwort - und damit auch für das System Staat. Das hat sich im "Mittelalter" gezeigt, wo die Fürstenhäuser in Abhängigkeit zu den Familien der Kaufleute gerieten und das zeigt sich auch jetzt, wo die Politiker die Staaten in eine Abhängigkeit von den Banken hineinführen. Staatliche Regierungen, gleich welcher Selbstdefinition, sind unfähig, mit Geld umzugehen. Die Staaten müssen insbesondere den Erwerb der Kriegswaffen, mit denen die Evolution der Menschenarten (der Gene) vorangetrieben werden muss, bezahlen. Sie müssen auch zum Teil die Kosten für die Nahrungsmittelproduktion tragen, die zur Überproduktion von Individuen nötig sind. Die Staaten treiben sich erneut in eine finanzielle Abhängigkeit. Dadurch könnten die Staaten handlungsunfähig werden. Es ist zu hoffen, dass sie diese Handlungsunfähigkeit nicht durch den Tod der Menschheit, also einen Atomkrieg, beenden.
Es ist auch natürlich, dass die Individuen, die einen Staat lenken, egal, ob sie sich Fürsten oder Parlamentarier nennen, als erstes an sich denken, an ihre Selbstentfaltung im materiellen Raum. Sie sind als System Mensch jedoch andererseits auch an ihrer Entfaltung im geistigen Raum interessiert und dadurch solidarisch mit den Individuen im System Staat. Sie sind als Individuen insofern unfähig, die Interessen des Systems Staat (die Interessen der Gene nach ihrer Ausbreitung im Raum) auf Dauer effektiv wahrzunehmen. Dieser Interessengegensatz in den Individuen, die ein System Staat führen, kann auch zuungunsten des Systems Staat gelöst werden, beispielsweise indem Steuergelder für die Lebensverlängerung der Individuen investiert wird (Gesundheitswesen), in den Bildungs- und Kulturbereich und den Bereich innerer Sicherheit. Den Interessen der Gene sind zum Beispiel Rentenzahlungen und Kürzungen des "Verteidigungshaushaltes" völlig entgegengesetzt. In den Parlamenten der Staaten kämpfen ebenfalls die Interessen der Gene gegen die Interessen der Individuen.
Meine Hoffnung auf den Sieg der geistigen Evolution über die genetische Evolution, den Sieg der Individuen über die Arten, begründet sich auch darauf, dass die Staaten letztlich von Individuen gelenkt werden. Diejenigen, die die Staaten lenken, ob sie nun Könige oder Politiker sind, sind Individuen und als

solche auch Träger der Evolution des Geistes. Sie haben bisher den atomaren Tod der Menschheit nicht herbeigeführt, was sie leicht hätten tun können. Sie sollten auch in der Lage sein, die Überproduktion von menschlichen Individuen und den Krieg der menschlichen Arten zu verhindern und die nur dafür nützlichen Kriegswaffen abzuschaffen.

6.10.
Der Mensch ist die Krone der Schöpfung

Der Mensch ist als Individuum die Krone der Schöpfung.

Nicht als Gattung oder Art, oder als Träger seiner Gene, die sich auch anders hätten entwickeln können und die sich weiter entwickeln, ist der Mensch, die Gattung Mensch, etwas besonderes, sondern als System Mensch, als Individuum, ist der Mensch ein einmaliges Wesen.

Er ist tatsächlich der Endpunkt der Evolution der Gene, weil mit seiner Geburt die Entwicklung der Gene überflüssig geworden ist. Aber nicht mit der Geburt des Menschen als Gattung, sondern mit der Geburt des Individuums Mensch als Träger der Entwicklung des Geistes. Diese erfolgt nach den gleichen Regeln wie die Entwicklung der Gene. Nur: Überbevölkerung, Krieg und Totschlag sind für die Evolution des Geistes nicht erforderlich.

Mit der Geburt des Menschen als Individuum könnte die Aggression abgeschafft werden und durch den Wettbewerb des geistigen Individuen ersetzt werden. Der Frieden könnte mit dem Individuum Mensch beginnen.

Dieser Friede würde auch die Gene nicht töten. Im Gegenteil: der weitere Krieg der Gene würde nicht im Untergang der Menschheit enden. Mit dem Sieg der Individuen würde auch der jetzige Entwicklungsstand der Gene erhalten werden, auch die Gene würden überleben.

Sie könnten sich sogar besser vermischen. Für die Vermischung von Genen und die damit verbundene Erzeugung neuer Arten ist Krieg ja nicht notwendigerweise erforderlich. In vielen Staaten findet eine Durchmischung der Gene statt, so dass Kriegführung überhaupt nicht notwendig ist. Deshalb sollten die Gene und ihre Repräsentanten, die Staaten, ihren Krieg gegen die Individuen einstellen, die Waffen zur Ermordung der Menschheit vernichten und auf die Überproduktion von Individuen verzichten. Die Gene sollten kapitulieren, weil das auch ihr Überleben sichert. So lange Individuen leben, leben ja auch ihre Gene.

Das Individuum Mensch sollte nur seine Finger nicht in die menschlichen Gene mischen und sollte darauf verzichten, seine Möglichkeiten der Genmanipulation dazu zu nutzen, die Aggression des Menschen wegoperieren zu wollen. Die interindividuelle Aggression ist von den Genen geschaffen und konserviert worden und ist auch für den Wettbewerb der geistigen Individuen und die Evolution des Geistes nötig.

Die Evolution der Gene war nicht umsonst. Sie hat die Gattung Menschheit als ihren Höhepunkt geschaffen. Diese Gattung ist die Voraussetzung dafür, dass der Mensch sich als Individuum selbst die Krone aufsetzen kann.

Ob der Mensch das schafft, wird sich zeigen. Ich möchte das System Mensch dazu ermuntern, weiter nichts.

Epilog

Eigen (1989, S. 255) äußert implizit einen weit verbreiteten Irrtum, wenn er sagt, "Der Mensch als Individuum ist nicht die Endstufe der Evolution."

Evolution hat mit Individuen nichts zu tun, sondern nur mit Arten. Bezüglich des Menschen hat Evolution mit der Organisation der Menschen in Gesellschaften, Staaten zu tun, mit dem System Staat. Das System menschliches Individuum ist wie das System Individuum Tiger oder Ameise gar nicht Zweck der Evolution. Zweck der Evolution ist die Weiterentwicklung von Gattungen und Arten. Nach der Gattung Mensch kommen andere Arten Lebewesen. Der Satz wäre also richtig, wenn man sagt: Die Gattung Mensch ist nicht die Endstufe der Evolution.

Aber zurück zum Individuum Mensch.

Das Individuum Baum oder Biene hat als solches keinen Sinn, es dient lediglich der Evolution, nämlich der Verbreitung seiner Art und der Weiterentwicklung der genetischen Information.

Das Individuum Mensch hingegen hebt sich durch seine Denkfähigkeit von Individuen anderer Art ab und wird durch seine Denkfähigkeit zu einem eigenen System. Es hat von der Evolution eine Eigenschaft erhalten, die es als Individuum nutzen kann. Und der Mensch hat diese Fähigkeit auch dazu benutzt, sich selbst als Individuum, als System Mensch, zu schaffen. Er sollte diese Eigenschaft, seine Denkfähigkeit, auch weiterhin nutzen und die geistige Evolution weiterhin voranbringen. Leider fühlt und handelt der Mensch aber nicht nur als System Mensch, sondern auch als Element des Systems Staat und des Systems Menschheit. Dies sollte man trennen. Zum Beispiel handelt er als sexuelles Wesen ganz direkt nicht als Individuum Mensch, sondern als Element des Systems Gesellschaft, Staat. Er handelt im Sinne des Selbsterhaltungswunsches des Systems höherer Ordnung, dessen Element er ist. Der Selbstentfaltungswunsch dieses höheren Systems ist es, der zu ungezügelter Fortpflanzung, Krieg und Vernichtung anderer konkurrierender Systeme gleicher Ordnung führt. Dieser Selbsterhaltungs- und Selbstentfaltungswunsch ist in den Genen als Handlungsprogramm für das jeweilige Individuum angelegt und äußert sich als Triebwunsch im Individuum. Von diesem aggressiven Wunsch, einer Funktionsregel des Systems Staat, hat sich der Mensch als Individuum noch nicht völlig befreit. Seine Individualisierung ist noch nicht abgeschlossen. Für die Weiterexistenz der menschlichen Individuen (der Systeme Mensch) wäre es wichtig, dass der Mensch erkennt, wann er als System Mensch

handelt, und dass er den Handlungsregeln der Gene und des Systems Staat gegebenenfalls entgegensteuert.
Oben habe ich gesagt, dass die Geburt des Menschen als Individuum in der Aufklärung begonnen hat. Man könnte auch sagen, dass sie bei Jesus Christus angefangen hat. Jesus Christus ist nämlich als Individualisierung Gottes auf die Welt gekommen, nicht als Art.
Gott hat Adam und Eva geschaffen und ihnen als Art, als System Menschheit mit seinen Untersystemen, wie Rassen und Staaten, die anderen Gattungen und Arten der Erde zu Untertan gegeben. Die Menschheit wird sich jedoch nach den Regeln der Evolution weiter zu anderen, komplexeren Systemen, die nach ihr die Welt beherrscht, entwickeln. Möglicherweise muss dafür die Menschheit als System verschwinden. Gott ist in diesem Sinn immer verbündeter des am höchsten entwickelten, des komplexesten Systems höherer Ordnung.
Aber Gott hat den Menschen Jesus als seinen Sohn geschickt. Jesus, Buddha und andere sind Beispiele für das Aussteigen aus dem Arthandeln der Evolution. Sie sind Beispiele dafür, dass das Individuum Mensch die Fähigkeit hat, nicht nur als Vertreter (als Element) eines Systems höherer Ordnung zu handeln, wie die Ameise, sondern als System Mensch, als Individuum Mensch.
Als Element eines Systems höherer Ordnung, also als Element des Systems Gruppe, zum Beispiel des Systems Staat, betrachtet der Mensch Menschen, die Elemente eines anderen Systems sind, als Feinde. Das System Staat will sich vergrößern, andere Staaten erobern, sich vergrößern, ausdehnen, Konkurrenten um die Beherrschung der Erde vernichten.
Dem System "Individuum Mensch" kann diese Funktionsregel, nach der sich der Staat, in dem es zufällig lebt, völlig egal sein. Diejenigen, die das System "Staat" regieren, versuchen natürlich, die Systeme "Individuum Mensch", die in ihm leben, im Sinne des Systems Staat zu lenken. Durch die staatliche Propaganda (Fernsehen, Presse) versuchen sie stets, die Handlungen der einzelnen Menschen dahingehend zu steuern, dass sie Mitglieder anderer staatlicher Systeme als Feinde betrachten und sich gegenseitig ermorden. Hitler hat dies im Dritten Deutschen Reich vorgemacht. Diese Ermordungsaktionen werden als "Krieg" bezeichnet. Kriege sind jedoch, wie auch das Kinder"kriegen", Aktionen, die nicht der Selbsterhaltung oder Selbstentfaltung des Systems Mensch dienen, sondern der Selbstentfaltung des Systems Staat und der Evolution der Gene, der genetischen Evolution. Deshalb sind derartige Propagandaaktionen des Staates auch immer erfolgreich, weil sie an die genetisch festgelegten Handlungsprogramme der Individuen Mensch appellieren. Die Individuen Mensch, also die Systeme Mensch, sind dem aber nicht hilflos

ausgeliefert. Sie können versuchen, diesen Mordaktionen der Systeme Staat entgegenzuarbeiten. Da diese Mordaktionen der Systeme Staat gesetzmäßig im Untergang der Menschheit enden und zu weiterentwickelten Genen führen (Evolutionsregel), haben die Systeme Mensch auch ein Interesse daran, nicht als Mordinstrumente ihres jeweiligen Systems Staat und ihrer Gene zu fungieren.
Die einzige Überlebensmöglichkeit der Systeme Mensch besteht darin, dies zu erkennen und entsprechend zu handeln. Entsprechend zu handeln heißt, nicht mehr den Regeln zu gehorchen, die ihnen von ihren Genen vorgeprägt sind. Diese Regeln, die der Evolution der Gene dienen, heißen: bekommt möglichst viele Kinder und schlagt möglichst viele Menschen, die anderen Staatssystemen angehören, tot.
Die Regeln, die das Individuum Mensch befolgen sollte, heißen hingegen: denke an dein eigenes System, nämlich die geistige Selbstentfaltung deines Individuums, und höchstens daran, etwa zwei Nachkommen zu haben, und betrachte alle anderen menschlichen Individuen als gleichberechtigte Systeme Mensch, die dich in deiner geistigen Selbstentfaltung weiterbringen könnten. "Liebe" also deinen Nächsten, nämlich alle anderen Systeme deiner Ebene, also alle anderen Systeme Mensch, egal welchem System höherer Ordnung sie angehören. Sei aber höchst mißtrauisch gegenüber Handlungsanweisungen, die dir vom System höherer Ordnung (von deiner Gruppe, deinem Staat usw.) gegeben werden und gegenüber Triebäußerungen. Erstere wie letztere könnten womöglich lediglich der Fortentwicklung deiner Gene nützlich sein. Denke an dich selbst, an deine Lust und deine geistige Entfaltung, aber vermeide, Sklave deiner Gene oder eines Systems höherer Ordnung zu sein. Bleibe immer Individuum, System Mensch. Benutze das jeweilige System Staat aber weiterhin dazu, die zwischenmenschliche (innerartliche) Aggression in Schach zu halten - sonst würde der Krieg der Systeme Mensch gegeneinander drohen. Und vor allem: schränke deinen Bedarf an Energie (Strom, Benzin usw.) möglichst ein.
Die Bedrohung durch die Atomkatastrophe geht von den Genen aus, dem Kampf der genetischen Arten gegeneinander. Die Bedrohung durch die Umweltverschmutzung ist nur zum Teil ein Werk der Gene (Staaten), nämlich nur insofern, als diese für eine Überproduktion der Individuen sorgen müssen. Sie wird jedoch potenziert durch den Energieverbrauch der Individuen und ist deshalb verringerbar durch die Einschränkung der materiellen Selbstentfaltung der Systeme Mensch. Verzicht und Bescheidenheit sind daher geboten.

Schwerpunkt für die Zukunft muss die geistige Entfaltung der Systeme Mensch sein und die Reduktion staatlicher Aufgaben auf die Erhaltung der inneren Ordnung und möglichst die Verringerung der Zahl der Individuen (Geburtenregulierung).
Das Individuum Mensch (das System Mensch) kann seinen genetisch vorgegebenen Handlungszielen (Selbsterhaltung und Selbstentfaltung) nicht entgegenarbeiten, es kann nicht auf Selbsterhaltung oder auf Selbstentfaltung verzichten. Letzteres wird wohl in manchen religiösen Sekten versucht.
Es kann aber die Inhalte ändern. Das einzelne System Mensch kann seine materielle Selbstentfaltung, die in der Summe der Individuen durch die damit verbundene Umweltverschmutzung am Tod der Menschheit beteiligt ist, einschränken und die genetisch vorgegebene Handlungsregel "Selbstentfaltung" mit geistigen Inhalten füllen. Damit würde das Individuum Mensch seiner unabänderlichen Handlungsregel genüge tun und dennoch der Vernichtung der Menschheit entgegenwirken.
Oben hatte ich die Variabilität der Grenzen des lebenden Systems Mensch betont. Das Eigentum ermöglicht es dem Menschen, seine materiellen Grenzen auszudehnen, sein Selbst zu vergrößern, sich zu entfalten. Diese Selbstentfaltung findet in der Dimension "Raum" statt. Die Grenzen des Individuums Mensch im Raum sind nicht feststehend, der Mensch hat die Möglichkeit, diese Grenzen zu beeinflussen, zu verändern.
Anders scheint es mit den Grenzen des lebenden Systems Mensch in der Dimension "Zeit". In dieser Dimension sind dem lebenden System Grenzen gesetzt, die er so gut wie nicht beeinflussen kann. Seine Geburt kann allenfalls um ein bis zwei Monate vorverlegt werden, der Tod kann durch medizinische Maßnahmen verzögert werden, durch Selbstmord kann das Individuum die Lebensdauer willkürlich verkürzen, andere Möglichkeiten gibt es nicht. Eine Variabilität, wie sie in der räumlichen Grenzziehung möglich ist, besteht bei den zeitlichen Grenzen nicht.
Die Existenz des lebenden Systems Mensch endet mit seinem Tod. Darauf hat zum Beispiel Heidegger besonders hingewiesen und von der "Eigentlichkeit" gesprochen, die an meinen Begriff der "Selbstentfaltung" erinnert.
Was den Tod überdauert, habe ich oben bereits ausgeführt. Ich möchte hier nur noch einmal darauf hinweisen, dass die Konzentration auf die geistige Selbstentfaltung des Individuums womöglich für das Individuum deshalb attraktiv sein kann, weil sie über seinen Tod hinausweist. Es sollte daher für diese "Selbstentfaltung" im geistigen Raum geworben werden, die dort nicht nur "räumlich", sondern eben auch "zeitlich" unbegrenzt ist.
Optimistisch kann auch die Universalität des geistigen Raumes stimmen. Das Individuum definiert durch sein geistiges Eigentum nicht nur die immaterielle Grenze

seines Systems. Das Geistige ist auch eine Gemeinsamkeit der menschlichen Individuen. Die Staaten und Völker wollen diese immaterielle Existenz auf das System Genart begrenzen, auf die Identifikation mit dem System Staat. Das Individuum hat hingegen die Möglichkeit, diese Systemebene zu überspringen und sich mit dem System Menschheit oder dem System Erde zu identifizieren. Die Summe der Systeme menschliches Individuum kann auf diesem Weg ein Gemeinschaft bilden, die die Aggressivität der Systeme Staat gegeneinander überflüssig macht und die Reduktion staatlicher Aufgaben auf das Innenpolitische erleichtert.

Gegenwärtig werden die Verhaltensweisen der Systeme Mensch und der Systeme Staat absehbar zu einer Trennung vom System Erde führen. Es wird eine Trennungslinie gezogen, die die Menschheit von der Erde abgrenzt. Dies wird zum Untergang der Menschheit führen, da das System Erde stärker ist. Ein Überleben der Menschheit ist nur denkbar, wenn die Systeme Staat auf Kriegsführung und die Systeme Mensch auf eine Übervermehrung und eine Ausbreitung im materiellen Raum verzichten. Das bedeutet, dass die Systeme Mensch und die Systeme Staat sich verständigen müssten. Derzeit ist eine derartige Verständigung leider nicht möglich, da sich weder die Individuen Mensch, noch die Individuen Staat als Systeme begreifen und ihnen die Konflikte, die sie miteinander haben, nicht bewusst sind. Vielleicht kann die Veröffentlichung meiner Theorie dem abhelfen. Zu erwarten ist das zwar nicht, aber zu hoffen.

Literatur

Canetti, E. (1996): Masse und Macht. Fischer Taschenbuch. Frankfurt am Main. ISBN-3-596-13512 5

Cramer, F. (1993): Chaos und Ordnung. Frankfurt am Main und Leipzig (insel taschenbuch 1496). ISBN 3-458-33196-4

Darwin, Ch. (1963): Die Entstehung der Arten. Stuttgart (Reclam) Original 1859. ISBN 3-15-003071-4

Deneke, F.-W. (1987): Das Selbst-System. Psyche 43, 577-608.

Dornes, M. (1993): Der kompetente Säugling. Frankfurt am Main (Fischer Taschenbuch Verlag 11533). ISBN 3-596-11533-7

Eigen, M. (1989):Perspektiven der Wissenschaft. Stuttgart. (Deutsche Verlags-Anstalt). ISBN 3-421-02752-8

Elias, N. (1976): Über den Prozeß der Zivilisation. 2 Bände. suhrkamp taschenbuch wissenschaft 158/159.

Fichte, J. G. (1991):Über den Begriff der Wissenschaftslehre. Stuttgart (Reclam). ISBN 3-15-009348-1

Fichte, J. G. (1988): Grundlage der gesamten Wissenschaftslehre. Hamburg (Meiner). Original 1794. ISBN 3-7873-0787-7

Foerster, H. von (1992): Entdecken oder Erfinden?. In: Einführung in den Konstruktivismus. München (Piper, SP 1165). ISBN 3-492-11165-3

Frege, G. (1987): Die Grundlagen der Arithmetik. Stuttgart (Reclam). (Original 1884). ISBN 3-15-008425-3

Freud, S. (1975): Zur Einführung des Narzissmus. Studienausgabe Bd III (Original 1914). ISBN 3-10-822703-3

Freud, S. (1975): Das Ich und das Es. Studienausgabe Bd. III (Original 1923). ISBN 3-10-822703-3

Fromm, E. (1977): Anatomie der menschlichen Destruktivität. Hamburg (Reinbeck). ISBN 3-499-17052-3

Gruen, A. (1987): Der Wahnsinn der Normalität: Realismus als Krankheit: eine Grundlegende Theorie zur menschlichen Destruktivität. München (Kösel). ISBN 3-466-34178-7

Hacker, F. (1988): Aggression. Die Brutalisierung unserer Welt. Frankfurt am Main. Berlin. (Ullstein Sachbuch) ISBN 3-548-34441-0

Hartmann, E. von (1873): Philosophie des Unbewußten. Berlin

Hartmann, H. (1975): Ich-Psychologie und Anpassungsproblem. Stuttgart (Klett). ISBN 3-12-903330-0

Heidegger, M. (1979): Sein und Zeit. Tübingen (Niemeyer). Original 1926
Kant, I.: Kritik der reinen Vernunft. Berlin (Weichert). Original 1787
Kohut, H. (1981): Narzißmus. Frankfurt am Main (suhrkamp taschenbuch wissenschaft 157). ISBN 3-518-07757-0
Le Bon (1982): Psychologie der Massen. Stuttgart (Kröner). ISBN 3-520-09915-2
Leibniz, G. W.: Monadologie. Stuttgart (Reclam) Original 1714. ISBN 3-15-007853-9
Lorenz, K. (1963): Das sogenannte Böse. Wien (Borotha-Schoeler). ISBN 3-423-01000-2
Marx, K. (1966): Ökonomisch-philosophische Manuskripte. In: Politische Ökonomie. Frankfurt am Main (Fischer, Bücher des Wissens 6060). Original1844.
Maturana, H. R. (1982): Erkennen: Die Organisation und Verkörperung von Wirklichkeit. Braunschweig (Vieweg)
Meier, H. (Hg.): Die Herausforderung der Evolutionsbiologie (1988). München (Piper, SP 997).ISBN 3-492-10997-7
Mentzos, St. (1988): Interpersonale und institutionalisierte Abwehr. Frankfurt am Main (suhrkamp taschenbuch wissenschaft709). ISBN 3-518-28309-X
Platon: Der Staat. München (Goldmanns gelbe Taschenbücher Band 891/892). Original ca. 400 v. Chr.
Popper, K. R. (1992): Die offene Gesellschaft und ihre Feinde I u. II Uni-Taschenbücher J.C.B. Mohr (Paul Siebeck) Tübingen. ISBN 3-8252-1724/-25
Riedl, R. (1985): Evolution und Erkenntnis. München (Piper, SP 378). ISBN 3-492-10378-2
Schopenhauer, A. (1977): Die Welt als Wille und Vorstellung. Zürich (Diogenes Taschenbuch 2021 bis 2024). Original 1814/18 und 1844. ISBN 3-257-20421 bis 4
Sheldrake, R. (1993): Das Gedächtnis der Natur. München (Piper, SP 1539). ISBN 3-492-11539-X
Stern, D. N.(1993): Tagebuch eines Babys. München (Piper, SP 1843). ISBN 3-492-11843-7
Ternon, Y. (1996): Der verbrecherische Staat. Hamburg. ISBN 3-930908-27-1
Watzlawick, P. et al.: Menschliche Kommunikation. Bern. Stuttgart. Wien (Huber). ISBN 3-456-30610-5
Worldwatch Institute Report: Zur Lage der Welt - 1996. Fischer Taschenbuch Verlag 12943 (1996). ISBN 3-596-12943-5